해 봐!

하루 10분

왕초보

프랑스어

머리말

이 책은 프랑스어 초보 학습자들이 프랑스어 학습에 흥미를 가질 수 있도록 문법 설명을 최대한 배제하고, 간단하지만 핵심적인 기초 회화 패턴을 먼저 익혀 스스로 프랑스어를 말해볼 수 있도록 구성한 책입니다.

도입부에서는 프랑스어 알파벳과 발음, 기본적인 특징과 기초 문법을 설명하여 프랑스어에 대한 기초를 익힐 수 있도록 했고, 전체 50과로 이뤄진 본문은 하루에 10분씩만 투자해도 쉽고 빠르게 하나의 회화 패턴을 학습하여, 나를 소개하기, 표현하고 설명하기, 질문하고 대답하기, 관용 표현 말하기 등이 가능하도록 했습니다.

본문에 제시된 예문은 대부분 1인칭(나) 주어로 시작하는 문장으로 초보 학습자가 쉽게 따라 할 수 있고, 실생활에서 유용하게 쓰이는 문장들로 이루어져서 바로 응용할 수 있습니다. 또한, 가장 핵심적인 기본 패턴만 간추려 한 과당 약 4~5개의 예문만으로 쉽고 간결하게 패턴을 익힐 수 있도록 구성했으며, 각 과와 파트마다 배치된 연습문제 및 리뷰 문제를 통해서는 학습 후 곧바로 복습이 이뤄질 수 있도록 했습니다. 또한 프랑스에 대한 흥미로운 이야기도 소개하여 더욱 재미있게 프랑스어를 배울 수 있습니다.

하루에 10분씩 <해 봐! 하루 10분 왕초보 프랑스어>와 함께 학습하며 프랑스어 말하기 실력을 키워 보세요. 프랑스어를 이제 막 접한 초보 학습자 여러분이 이 책을 통해 프랑스어에 대한 재미와 애정을 느끼고, 프랑스어 말하기에 자신감을 얻기를 바랍니다. 이 책이 여러분의 프랑스어 학습에 디딤돌이 되기를 희망합니다.

여러분의 프랑스어 학습을 응원합니다!

저자 **김자연, 이하임, 김영란**

이 책의 100% 활용법

프랑스어로 말해 보고 싶어 프랑스어를 시작하는 분들 많으시죠? 그런데 막상 프랑스어를 공부하려고 책을 펼치면 공식처럼 외워야 하는 문법 설명으로 머릿속이 복잡해져요. 사실 프랑스어는 문법이 좀 복잡한 언어이긴 해요. 명사나 형용사에도 '성'이 존재해서 남성 명사/형용사, 여성 명사/형용사가 있고, 동사의 형태도 주어에 따라 모두 바뀌고, 게다가 문장 속 단어도 자주 축약되거나 모양이 바뀌기도 하고요.

<해 봐! 하루 10분 왕초보 프랑스어>는 이런 복잡한 문법 설명은 살짝 덮어 두었어요. 일단 말부터 할 수 있도록이요! 한 마디 한 마디 따라 읽어 보면서 프랑스어 회화 패턴을 이해해 보세요. 가벼운 마음으로 하루 10분만 투자해서 자신 있게 프랑스어로 말해 보세요! 하루 하루 학습하다 보면 프랑스어의 매력에 빠질 거예요~

프랑스어를 공부한다면 꼭 알아야 할 10가지

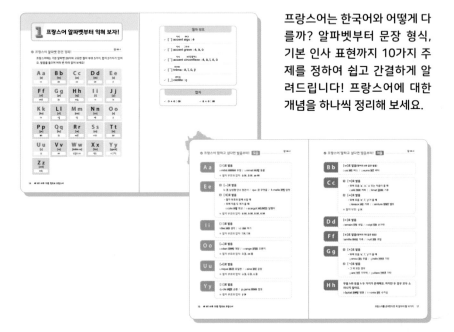

프랑스어는 한국어와 어떻게 다를까? 알파벳부터 문장 형식, 기본 인사 표현까지 10가지 주제를 정하여 쉽고 간결하게 알려드립니다! 프랑스어에 대한 개념을 하나씩 정리해 보세요.

하루 10분 플랜으로 입에서 바로 나오는 프랑스어

초간단 개념 잡기

여가 활동으로 무엇을 하는지 표현할 때에는 faire 동사를 활용하여 'Je fais ~'라고 말할 수 있어요. 'Je fais' 뒤에 운동이나 악기 이름을 붙여서 말하면 돼요.

Je	fais	du vélo
쥬	페	뒤 벨로
나는	타다(하다)	자전거

STEP 1

2분으로 초간단 개념 잡기

개념은 간단하고 쉽게! 오늘 배울 문장이 어떻게 구성되는지 익혀 보세요.

입에서 바로 나오는 문장 말하기 🔊 10-1

Je fais du sport.
쥬 페 뒤 스뽀흐
나는 운동을 해.

Je fais du yoga.
쥬 페 뒤 요가
나는 요가를 해.

Je fais de la guitare.
쥬 페 들 라 기타흐
나는 기타를 쳐.

STEP 2

2분으로 문장 말하기

배운 개념을 응용하여 한 문장씩 소리 내어 읽어 보세요.

회화로 응용하기 🔊 10-2

여가 활동을 묻고 답하는 연습을 해 볼까요?

Qu'est-ce que tu fais comme loisir ?
께스끄 뛰 페 껌 후와지흐
너 여가 활동으로 뭐 해?

Je fais du sport.
쥬 페 뒤 스뽀흐
나는 운동을 해.

STEP 3

3분으로 회화로 응용하기

오늘 배운 문장이 실제로 회화에서 어떻게 적용되는지 직접 말해 보세요.

문제로 확인해 보기

1 나는 운동을 해. ▶ _____

2 나는 자전거를 타. ▶ _____

3 나는 요가를 해. ▶ _____

4 나는 기타를 쳐. ▶ _____

STEP 4

3분으로 문제로 확인하기

오늘 배운 문장을 잊지 않도록 다시 한번 확인해 보세요.

배운 내용을 잊지 않도록 도와주는 리뷰 페이지

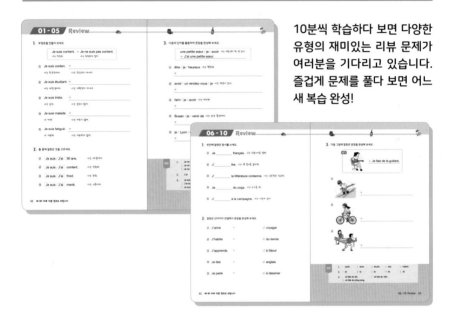

10분씩 학습하다 보면 다양한 유형의 재미있는 리뷰 문제가 여러분을 기다리고 있습니다. 즐겁게 문제를 풀다 보면 어느 새 복습 완성!

문화를 알면 언어가 보인다! 프랑스 관련 정보

회화 문장을 직접 써보는 쓰기 노트

별책 부록 으로 구성한
쓰기 노트에 학습한 패턴 문장을
직접 써 보면서 완벽하게
이해해 보세요.

다양한 학습 자료 활용법

음원

www.sisabooks.com/langpl
랭기지플러스 홈페이지에서
MP3 다운받아 듣기

QR코드 MP3 스트리밍으로
해 봐! 하루 10분 왕초보 프랑스어
다운로드 없이 듣기

동영상 강의

www.sisabooks.com/langpl
랭기지플러스 홈페이지에서 바로 보기

유튜브에서
해 봐! 하루 10분 왕초보 프랑스어
검색하여 보기

목 차

PARTIE 01 　 나에 대해 소개하기!

PARTIE 02 | 내가 지금 하는 것 말하기!

PARTIE 05 | 프랑스어 관용 표현 익히기!

프랑스어를 공부한다면 꼭 알아야 할 10가지

프랑스어 알파벳부터 익혀 보자!

✅ **프랑스어 알파벳 완전 정복!**　　　　　　　　　　🎧 00-1

프랑스어에는 기본 알파벳 26자와 고유한 철자 부호 5가지, 합자 2가지가 있어
요. 발음을 들으며 여러 번 따라 읽어 보세요!

A a	B b	C c	D d	E e
[a]	[be]	[se]	[de]	[ə]
아	베	쎄	데	으

F f	G g	H h	I i	J j
[ɛf]	[ʒe]	[aʃ]	[i]	[ʒi]
에프	줴	아슈	이	지

K k	L l	M m	N n	O o
[ka]	[ɛl]	[ɛm]	[ɛn]	[o]
꺄	엘	엠	엔	오

P p	Q q	R r	S s	T t
[pe]	[ky]	[ɛʁ]	[ɛs]	[te]
뻬	뀌	에흐	에쓰	떼

U u	V v	W w	X x	Y y
[y]	[ve]	[dublə ve]	[iks]	[igʁɛk]
위	베	두블르 베	익스	이그헥

Z z
[zɛd]
제드

철자 부호

- ✓ [´] accent aigu : é _{악성 떼귀}

- ✓ [`] accent grave : è, à, ù _{악성 그하브}

- ✓ [^] accent circonflexe : ê, â, î, ô, û _{악성 씨흐꽁플렉스}

- ✓ [¨] tréma : ë, ï, ü, ÿ _{트헤마}

- ✓ [¸] cédille : ç _{쎄디유}

합자

- ✓ o + e : œ
- ✓ a + e : æ

A a

[ㅏ]로 발음

amitié 아미띠에 우정 / animal 아니말 동물

★ 철자 부호와 합자: à 아, â 아, æ 에

E e

① [ㅡ]로 발음

le 르 남성형 단수 정관사 / que 끄 무엇을 / femelle 프멜 암컷

② [ㅔ]로 발음

- 철자 부호와 함께 쓰일 때
- 뒤에 자음 두 개가 올 때

école 에꼴 학교 / escargot 에스꺄흐고 달팽이

★ 철자 부호와 합자: é 에, è 에, ê 에, ë 에

I i

[ㅣ]로 발음

idée 이데 생각 / ici 이씨 여기

★ 철자 부호와 합자: î 이, ï 이

O o

[ㅗ]로 발음

océan 오쎄엉 대양 / orange 오헝쥬 오렌지

★ 철자 부호와 합자: ô 오, œ 외

U u

[ㅟ]로 발음

unique 위니끄 유일한 / usine 위진 공장

★ 철자 부호와 합자: ù 우, û 우, ü 우

Y y

[ㅣ]로 발음

cycle 씨끌르 순환 / pyjama 피쟈마 잠옷

★ 철자 부호와 합자: ÿ 이

✅ 프랑스어 말하고 싶다면 발음부터! 자음

B b

[ㅂ]로 발음(영어의 b와 같은 발음)
bus 뷔쓰 버스 / beurre 뵈흐 버터

C c

❶ [ㄲ]로 발음
 • 뒤에 모음 'a', 'o', 'u' 또는 자음이 올 때
  café 꺄페 커피 / climat 끌리마 기후
❷ [ㅆ]로 발음
 • 뒤에 모음 'e', 'i', 'y'가 올 때
  ciseaux 씨조 가위 / ceinture 쌍뛰흐 벨트
 ★ 철자 부호: ç ㅆ

D d

[ㄷ]로 발음
demain 드망 내일 / doigt 두와 손가락

F f

[ㅍ]로 발음(영어의 f와 같은 발음)
famille 파미유 가족 / fruit 프휘 과일

G g

❶ [ㅈ]로 발음
 • 뒤에 모음 'e', 'i', 'y'가 올 때
  genou 쥬누 무릎 / girafe 지하프 기린
❷ [ㄱ]로 발음
 • 그 외 모든 경우
  gare 갸흐 기차역 / guitare 기따흐 기타

H h

무음 h와 유음 h 두 가지가 존재해요. 하지만 두 경우 모두 소리나지 않아요.
hôpital 오삐딸 병원 / thonte 옹뜨 수치심

J j

[ㅈ]로 발음

journal 쥬흐날 신문 / jardin 쟈흐댱 정원

K k

[ㄲ]로 발음

kangourou 껑구후 캥거루 / ketchup 께첩 케첩

L l

[ㄹ]로 발음

lait 레 우유 / livre 리브흐 책

M m

[ㅁ]로 발음

mari 마히 남편 / miroir 미후와흐 거울

N n

[ㄴ]로 발음

nature 나뛰흐 자연 / nuit 뉘 밤

P p

[ㅃ]로 발음

pantalon 뻥딸롱 바지 / piano 삐아노 피아노

Q q

[ㄲ]로 발음

quand 껑 언제 / question 께스띠옹 질문

R r

[ㄹ]에 가까운 [ㅎ]로 발음

rapide 하삐드 빠른 / riche 히슈 부유한

S s

1 [ㅈ]로 발음
- 두 개의 모음 사이에 위치할 때
  maison 메종 집 / chaise 쉐즈 의자

2 [ㅆ]로 발음
- 그 외 모든 경우
  sucre 쒸크흐 설탕 / ascenseur 아썽쐬흐 엘리베이터

T t

1 [ㅌ]에 가까운 [ㄸ]로 발음
- 대부분의 경우
  table 따블르 테이블 / tête 떼뜨 머리

2 [ㅆ]로 발음
- 뒤에 'i+모음'이 올 때
  démocratie 데모크하씨 민주주의 / station 스따씨용 정류장

3 발음하지 않음
- 단어의 끝에 올 때
  quart 꺄흐 4분의 1 / concert 꽁쎄흐 콘서트
- 예외: sept 쎄뜨 7 / huit 위뜨 8 / correct 꼬헥뜨 정확한

V v

[ㅂ]로 발음(영어의 v와 같은 발음)
voiture 부와뛰흐 자동차 / vélo 벨로 자전거

W w

주로 외래어에 쓰이며 [ㅜ] 또는 [ㅂ]로 발음
week-end 위껜 주말 / wagon 바공 기차의 객차

X x

[ㅋ+ㅆ], [ㅆ], [ㄱ+ㅈ], [ㅈ] 로 발음
taxi 딱씨 택시 / soixante 수와썽뜨 60 / exemple 에그정쁠르 예 /
dixième 디지옘 열 번째

Z z

[ㅈ]로 발음(영어의 z와 같은 발음)
zèbre 제브흐 얼룩말 / zoo 조 동물원

프랑스어 명사에는 남성과 여성이 있다?

명사의 성

프랑스어는 명사마다 고유의 성별이 있어요. 그래서 모든 명사는 남성과 여성으로 구분돼요.

✅ 사람을 나타내는 명사

사람을 나타내는 명사는 본래의 성을 따라가요.

 ♂ 남성 명사

- ✓ père 뻬흐 아버지
- ✓ garçon 갸흑송 소년
- ✓ homme 엄므 남자

 ♀ 여성 명사

- ✓ mère 메흐 어머니
- ✓ fille 피유 소녀, 딸
- ✓ femme 팜므 여자

▶ 남성 명사 뒤에 'e'를 붙이면 여성 명사가 돼요!

| 남성 명사 | ➕ | -e | ➡ | 여성 명사 |

- ✓ voisin 부와쟝 남자 이웃 / voisine 부와진 여자 이웃
- ami 아미 남자 친구 / amie 아미 여자 친구

▶ 남성 명사와 여성 명사의 어미가 완전히 달라지는 경우!

- ✓ étranger 에트헝제 남자 외국인 / étrangère 에트헝제흐 여자 외국인
- acteur 악뙤흐 남자 배우 / actrice 악트히스 여자 배우

▶ -e로 끝난 명사는 남성, 여성 공통!

- ✓ élève 엘레브 학생 / journaliste 쥬흐날리스트 기자

✅ 사물이나 개념을 나타내는 명사

사물을 나타내는 명사에는 대표적인 남성 명사 어미와 여성 명사 어미가 있어요. 대표적인 어미를 알고 있으면 명사의 성을 구분하기 쉬워요. 대표적인 어미를 알아볼까요?

♂ 남성 명사

-age
✓ **voy**age 부와야쥬 여행

-ment
✓ **médica**ment 메디꺄멍 약

-eau
✓ **bur**eau 뷔호 책상, 사무실

-isme
✓ **tour**isme 뚜히슴므 관광

♀ 여성 명사

-tion
✓ **solu**tion 썰뤼씨용 해결책

-sion
✓ **télévi**sion 뗄레비지용 TV

-té
✓ **beau**té 보떼 아름다움

-ette
✓ **bicycl**ette 비씨끌레뜨 자전거

✅ 예외적인 명사

▶ -age로 끝나지만 여성 명사

✓ plage 쁠라쥬 해변 / page 빠쥬 페이지

▶ -té로 끝나지만 남성 명사

✓ côté 꼬떼 옆 / été 에떼 여름

▶ 특수한 형태의 남성·여성 명사

✓ copain 꺼빵 남자 친구 / copine 꺼삔느 여자 친구

jumeau 쥐모 남자 쌍둥이 / jumelle 쥐멜르 여자 쌍둥이

neuve 뇌브 남자 조카 / nièce 니예스 여자 조카

3 복수형을 만드는 '-s', '-x', '-z'!

명사의 복수형

✅ 복수형을 만들어 볼까요?

| 단수 명사 | ➕ | -s | ➡ | 복수 명사 |

- ✓ pomme 뽐므 사과 → pommes 뽐므 사과들

  cahier 꺄이예 공책 → cahiers 꺄이예 공책들

| -s, -x, -z로 끝나는 단수 명사 | ＝ | 복수 명사 |

- ✓ pays 뻬이 국가 → pays 뻬이 국가들

  choix 슈와 선택 → choix 슈와 선택들

| -al로 끝나는 단수 명사 | ➡ | -aux |

- ✓ animal 아니말 동물 → animaux 아니모 동물들

  journal 쥬흐날 신문 → journaux 쥬흐노 신문들

| -au, -eau, -eu로 끝나는 단수 명사 | ➡ | -x |

- ✓ tableau 따블로 그림 → tableaux 따블로 그림들

  cheveu 슈뵈 머리카락 → cheveux 슈뵈 머리카락들

★ 예외   festival 페스띠발 축제 → festivals 페스띠발 축제들

　　　　pneu 쁘뇌 타이어 → pneus 쁘뇌 타이어들

'나', '너', '우리'는 어떻게 말하지?

인칭대명사

		단수			복수	
1인칭	나	Je 쥬		우리들	Nous 누	
2인칭	너	Tu 뛰		당신(들)/ 너희들	Vous 부	
3인칭	그	Il 일		그들	Ils 일	
	그녀	Elle 엘		그녀들	Elles 엘	
	우리	On 옹				

✅ Vous는 복수로 '너희들, 당신들'이라는 뜻인데, Tu의 존칭으로서 상대를 정중하게 표현할 때도 써요.

Tu es en retard. 너 늦었어.
뛰 에 엉 흐따흐

Vous êtes en retard, M. Park. 박 선생님, 늦으셨어요.
부 제뜨 엉 흐따흐 무씨외 팍

Vous êtes en retard, les enfants. 얘들아, 너희들 늦었어.
부 제뜨 엉 흐따흐 레 정펑

명사 앞에 붙는 관사를 알아보자!

관사

✅ 영어의 the, a, an처럼 프랑스어에도 정관사와 부정관사가 있어요. 관사는 남성형과 여성형이 존재하며, 단수형과 복수형도 있어요.

▶ **정관사** (영어의 the)

이미 언급된 것이나 알고 있는 것을 말할 때 써요.

	단수	복수
남성	le 르	les 레
여성	la 라	

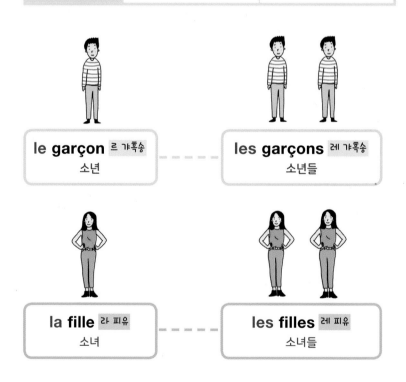

le garçon 르 갸혹송
소년

les garçons 레 갸혹송
소년들

la fille 라 피유
소녀

les filles 레 피유
소녀들

▶ **부정관사** (영어의 a, an)

처음 언급되거나 정해지지 않은 대상을 말할 때 써요. 단수형은 '하나의',
복수형은 '몇몇의'라는 의미를 나타내요.

	단수	복수
남성	un 엉	des 데
여성	une 윈	

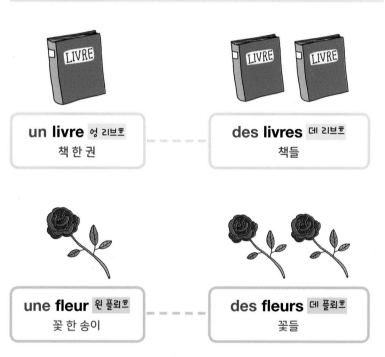

un livre 엉 리브흐
책 한 권

des livres 데 리브흐
책들

une fleur 윈 플뤄흐
꽃 한 송이

des fleurs 데 플뢰흐
꽃들

형용사는 명사를 따르라!

형용사의 성과 수

✅ 형용사의 위치

형용사는 명사 앞뒤에서 명사를 꾸며 줘요. 프랑스어 형용사는 수식하는 명사의 성과 수에 일치시켜야 해요.

| 형용사 | 명사 | 형용사 |

프랑스어 형용사는 주로 명사 뒤에 위치하지만 명사 앞에 놓이기도 해요. 위치에 따라 의미가 달라지는 경우도 있어요.

- ✓ un grand homme _{엉 그헝 떰므} 위대한 사람
- ✓ un homme grand _{엉 엄므 그헝} 키가 큰 사람

✅ 형용사의 남성형과 여성형

| 남성 형용사 | **+** | -e | ➡ | 여성 형용사 | -e로 끝나는 형용사는 그대로 |

- ✓ un garçon grand _{엉 갸흑송 그헝} 키가 큰 소년
  une fille grande _{윈 피유 그헝드} 키가 큰 소녀
- ✓ un jeune homme _{엉 쥔느 엄므} 젊은 남자
  une jeune femme _{윈 쥔느 팜므} 젊은 여자

▶ **남성 형용사와 여성 형용사의 어미가 완전히 다른 경우**

   ✓ un garçon mignon 엉 갸흑송 미뇽 귀여운 소년
      une fille mignonne 윈 피유 미뇬느 귀여운 소녀

   ✓ un garçon sportif 엉 갸흑송 스뻐흐티프 운동을 잘하는 소년
      une fille sportive 윈 피유 스뻐흐티브 운동을 잘하는 소녀

▶ **남성 제2형이 되는 경우**

   일부 남성 형용사는 모음이나 무음 h로 시작하는 남성 단수 명사 앞에서
   모음 충돌을 방지하기 위해 다른 형태(제2형)로 써요!

   ✓ un beau livre 엉 보 리브흐 아름다운 책
      un bel hôtel 엉 벨 오뗄 아름다운 호텔

   ✓ un vieux pont 엉 비외 뻥 오래된 다리
      un vieil ami 엉 비예이 아미 오래된 친구

▶ **불규칙으로 변하는 경우**

   ✓ doux 두 ♂ / douce 두쓰 ♀ 부드러운

   ✓ bas 바 ♂ / basse 바쓰 ♀ 낮은

   ✓ long 롱 ♂ / longue 롱그 ♀ 긴

   ✓ blanc 블렁 ♂ / blanche 블렁슈 ♀ 흰

✅ 형용사의 복수형

- ✓ un livre intéressant `엉 리브흐 앙떼헤썽` 재미있는 책 한 권
  - → des livres intéressants `데 리브흐 앙떼헤썽` 재미있는 책들

- ✓ un plan précis `엉 쁠렁 프헤씨` 정확한 계획
  - → des plans précis `데 쁠렁 프헤씨` 정확한 계획들

- ✓ le journal régional `르 쥬흐날 헤쥐여날` 지역신문
  - → les journaux régionaux `레 쥬흐노 헤쥐요노` 지역신문들

- ✓ le nouveau stylo `르 누보 스틸로` 새 볼펜
  - → les nouveaux stylos `레 누보 스틸로` 새 볼펜들

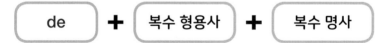

복수 형용사가 복수 명사 앞에 놓이는 경우에 부정관사 des는 de로 바뀌어요!

- ✓ un nouveau livre `엉 누보 리브흐` 새 책
  - → de nouveaux livres `드 누보 리브흐` 새 책들

✅ 소유형용사

명사의 소유격을 나타내는 소유형용사는 뒤에 오는 명사의 성과 수에 일치시켜요.

인칭	뜻	남성형	여성형	복수
Je	나의	**mon** 몽 mon sac 몽 싹 나의 가방	**ma** 마 ma voiture 마 부와뛰흐 나의 자동차	**mes** 메 mes sacs 메 싹 나의 가방들 mes voitures 메 부와뛰흐 나의 자동차들
Tu	너의	**ton** 똥	**ta** 따	**tes** 떼
Il/ Elle	그의/ 그녀의	**son** 쏭	**sa** 싸	**ses** 쎄
Nous	우리의	**notre** 노트흐	**notre** 노트흐	**nos** 노
Vous	당신(들)의/ 너희들의	**votre** 보트흐	**votre** 보트흐	**vos** 보
Ils/ Elles	그들의/ 그녀들의	**leur** 뢰흐	**leur** 뢰흐	**leurs** 뢰흐

주어 따라 변하는 동사의 형태!

동사 변화

✅ 프랑스어 동사는 주어의 인칭에 따라 형태가 변해요. 동사는 세 그룹으로 나뉘며 1군 동사와 2군 동사는 규칙적으로 변하고 3군 동사는 불규칙하게 변해요.

-er, -ir, -re

▶ -er로 끝나는 1군 규칙 동사의 변화형

parler 말하다		
Je 나	-e	parle 빠흘르
Tu 너	-es	parles 빠흘르
Il / Elle / On 그 / 그녀 / 우리	-e	parle 빠흘르
Nous 우리들	-ons	parlons 빠흘롱
Vous 당신(들)	-ez	parlez 빠흘레
Ils / Elles 그들 / 그녀들	-ent	parlent 빠흘르

▶ **-ir로 끝나는 2군 규칙 동사의 변화형**

finir 끝나다		
Je 나	-is	finis 피니
Tu 너	-is	finis 피니
Il / Elle / On 그 / 그녀 / 우리	-it	finit 피니
Nous 우리들	-issons	finissons 피니쏭
Vous 당신(들)	-issez	finissez 피니쎄
Ils / Elles 그들 / 그녀들	-issent	finissent 피니쓰

▶ **-re로 끝나는 3군 불규칙 동사의 변화형**
(3군 동사의 어미는 다양한데 일단 대표적인 -re를 살펴봐요)

prendre 타다, 먹다		
Je 나	-s	prends 프헝
Tu 너	-s	prends 프헝
Il / Elle / On 그 / 그녀 / 우리	-d	prend 프헝
Nous 우리들	-ons	prenons 프흐농
Vous 당신(들)	-ez	prenez 프흐네
Ils / Elles 그들 / 그녀들	-ent	prennent 프헨느

비인칭 주어 Il과 부정 대명사 On

✓ 비인칭 주어 Il

영어의 It처럼 프랑스어의 비인칭 주어 Il은 날씨, 시간, 가능성, '~이 있다' 등을 표현할 때 사용해요.

Il

날씨

Il pleut.
일 쁠뢰
비가 와요.

> 날씨를 표현하는 pleuvoir, neiger 등이 올 수 있어요.

Il fait vingt degrés.
일 페 방 드그헤
20도예요.

> faire 동사에는 '하다'라는 뜻이 없어요.

시간

Il est midi.
일 레 미디
정오예요.

가능성

Il est impossible de manger plus.
일 레 앙뻐씨블르 드 멍쥐 쁠뤼스
더 먹는 것은 불가능해요.

-이 있다

Il y a trois chats.
일 리 야 트화 샤
고양이 3마리가 있어요.

✓ 부정 대명사 On

부정 대명사 On은 일반적인 사람들을 가리키는 '모두, 사람들' 등의 의미(이때 on은 3인칭 단수)로 쓰이고, Nous처럼 '우리들'의 의미로 사용할 수도 있어요.

➡ **En Suisse, on parle français.**

엉	스위쓰	옹	빠흘르	프헝쎄

스위스에서는 프랑스어를 말해요.

➡ **Gina et moi(♀), on est coréennes.**

지나	에	무와	오	네	꼬헤엔느

지나와 나(=여자), 우리는 한국인이에요.

숫자/계절/월/요일

✅ 숫자

0	zéro 제호	10	dix 디쓰
1	un 엉	11	onze 옹즈
2	deux 되	12	douze 두즈
3	trois 트화	13	treize 트헤즈
4	quatre 까트흐	14	quatorze 까또흐즈
5	cinq 쌍끄	15	quinze 꺙즈
6	six 씨쓰	16	seize 쎄즈
7	sept 쎄뜨	17	dix-sept 디쎄뜨
8	huit 위뜨	18	dix-huit 디즈위뜨
9	neuf 뇌프	19	dix-neuf 디즈뇌프

20	vingt 방	21	vingt et un 방떼엉	22	vingt-deux 방되
30	trente 트헝뜨	31	trente et un 트헝떼엉	32	trente-deux 트헝뜨되
40	quarante 꺄헝뜨	41	quarante et un 꺄헝떼엉	42	quarante-deux 꺄헝뜨되
50	cinquante 쌍껑뜨	51	cinquante et un 쌍껑떼엉	52	cinquante-deux 쌍껑뜨되
60	soixante 수와썽뜨	61	soixante et un 수와썽떼엉	62	soixante-deux 수와썽뜨되

70	soixante-dix 수와쌍뜨디쓰	71	soixante et onze 수와쌍떼옹즈	72	soixante-douze 수와쌍뜨두즈
80	quatre-vingts 꺄트흐방	81	quatre-vingt-un 꺄트흐방엉	82	quatre-vingt-deux 꺄트흐방되
90	quatre-vingt-dix 꺄트흐방디쓰	91	quatre-vingt-onze 꺄트흐방옹즈	92	quatre-vingt-douze 꺄트흐방두즈
100	cent 썽	1000	mille 밀		

✅ 계절

봄	여름	가을	겨울
le printemps 르 프항떵	l'été 레떼	l'automne 로똔	l'hiver 리베흐

✅ 월

1월	2월	3월	4월	5월	6월
janvier 쟝비예	février 페브히예	mars 막쓰	avril 아브힐	mai 메	juin 쥬앙

7월	8월	9월	10월	11월	12월
juillet 쥬이예	août 우뜨	septembre 쎕떵브흐	octobre 옥또브흐	novembre 노벙브흐	décembre 데썽브흐

✅ 요일

월요일	화요일	수요일	목요일	금요일	토요일	일요일
lundi 렁디	mardi 마흐디	mercredi 멕크흐디	jeudi 죄디	vendredi 벙드흐디	samedi 쌈디	dimanche 디멍슈

이 정도는 알고 있어야 할 표현!

인사와 기본 표현

✓ 인사

🎧 00-4

Bonjour !
봉쥬흐

안녕하세요! / 안녕!

아침부터 오후까지 사용할 수 있는
일반적인 인사

Bonsoir !
봉수와

안녕하세요! / 안녕!

저녁 인사

Bonne nuit !
본 뉘

안녕히 주무세요! / 잘 자!

잠을 자러 가기 전에 하는 인사

Salut !
쌀뤼

안녕!

친한 사이에서 하루 중
아무 때나 사용할 수 있는 인사

Enchanté(e).
엉셩떼

만나서 반가워요.

처음 만났을 때 하는 인사

Au revoir !
오 흐부와

안녕히 가세요!

헤어질 때 하는 인사

Merci (beaucoup).

멕씨 (보꾸)

(대단히) 감사합니다.

Félicitations !

펠리씨따씨용

축하해요!

Je suis désolé(e).

쥬 쒸 데졸레

죄송합니다.

Bon courage !

봉 꾸하쥬

힘내세요!

Bonne journée !

본 쥬흐네

좋은 하루 보내세요!

Bon week-end !

봉 위껜

즐거운 주말 보내세요!

PARTIE 01

나에 대해
소개하기 !

나는 김지나야.

*Je suis*로 이름과 직업 소개하기

2분 초간단 개념 잡기

이름과 직업을 말할 때에는 영어의 be 동사에 해당하는 être 동사를 활용하여 'Je suis ~' 로 말해요. 'Je suis' 뒤에 이름이나 직업을 넣으면 돼요.

Je	**suis**	**Kim Gina**
쥬	쒸	김지나
나는	~이다	김지나

2분 입에서 바로 나오는 문장 말하기

 01-1

Je suis étudiant ♂ / étudiante ♀.
쥬　쒸　에뛰디영　　　에뛰디영뜨

나는 대학생이야.

Je suis médecin.
쥬　쒸　메드쌍

나는 의사야.

Je suis professeur.
쥬　쒸　프호페쒸흐

나는 교사야.

✓ 단어 체크

étudiant 에뛰디영 ♂ - étudiante 에뛰디영뜨 ♀ 대학생 / médecin 메드쌍 의사 /

professeur 프호페쒸흐 교사

3분 회화로 응용하기

'나는 ~가 아니야'는 'Je suis'에서 suis 앞에 'ne', 뒤에 'pas'를 넣어 말하면 돼요.

Je ne suis pas étudiant.
쥬 느 쒸 빠 에뛰디엉
나는 대학생이 아니야.

Je ne suis pas médecin.
쥬 느 쒸 빠 메드쌍
나는 의사가 아니야.

Je ne suis pas professeur.
쥬 느 쒸 빠 프호페씨흐
나는 교사가 아니야.

> ★참고 직업 이름을 좀 더 알아볼까요?
>
> salarié [살라히예] ♂ - salariée [살라히예] ♀ 급여생활자
> journaliste [주흐날리스트] 기자
> infirmier [앙피흐미예] ♂ - infirmière [앙피흐미예흐] ♀ 간호사
> vendeur [벙되흐] ♂ - vendeuse [벙되즈] ♀ 판매원

3분 문제로 확인해 보기

1 나는 (본인의 이름)야. ▶ ＿＿＿＿＿＿＿＿＿＿＿＿＿＿＿

2 나는 대학생이야. ▶ ＿＿＿＿＿＿＿＿＿＿＿＿＿＿＿

3 나는 교사야. ▶ ＿＿＿＿＿＿＿＿＿＿＿＿＿＿＿

4 나는 의사야. ▶ ＿＿＿＿＿＿＿＿＿＿＿＿＿＿＿

오늘의 10분 끝!

02 나는 한국인이야.

*Je suis*로 국적 소개하기

2분 초간단 개념 잡기

국적을 말할 때에는 être 동사를 활용하여 'Je suis + 국적 형용사'로 말할 수 있어요.

Je	suis	coréen
쥬	쒸	꼬헤앙
나는	~이다	한국인

여자일 경우는 coréenne(꼬헤엔느)라고 해요.

2분 입에서 바로 나오는 문장 말하기 🔊 02-1

Je suis français ♂ / française ♀. 나는 프랑스인이야.
쥬 쒸 프헝쎄 프헝쎄즈

Je suis américain ♂ / américaine ♀. 나는 미국인이야.
쥬 쒸 아메히깡 아메히껜느

Je suis chinois ♂ / chinoise ♀. 나는 중국인이야.
쥬 쒸 쉬누와 쉬누와즈

✓ 단어 체크

coréen 꼬헤앙 ♂ - coréenne 꼬헤엔느 ♀ 한국인 / français 프헝쎄 ♂ - française 프헝쎄즈 ♀ 프랑스인 /
américain 아메히깡 ♂ - américaine 아메히껜느 ♀ 미국인 / chinois 쉬누와 ♂ - chinoise 쉬누와즈 ♀ 중국인

회화로 응용하기 🎧 02-2

'Je viens de + 도시', 'Je suis originaire de + 도시'로 출신지를 말할 수 있어요.
빈칸에 주어진 어휘를 넣어 출신지를 소개하는 대화를 해 보세요.

> **Je suis originaire de Séoul, et toi ?**
> 쥬 쒸 오히지네흐 드 쎄울 에 뚜와
> 나는 서울 출신이야, 너는?

> **Je viens de Londres.**
> 쥬 비앙 드 롱드흐
> 나는 런던에서 왔어.

✓ **Séoul** [쎄울] 서울	✓ **Londres** [롱드흐] 런던
✓ **Paris** [빠히] 파리	✓ **Lyon** [리옹] 리옹
✓ **New York** [뉴여크] 뉴욕	✓ **Busan** [부산] 부산
✓ **Pékin** [뻬꺙] 베이징	✓ **Tokyo** [토쿄] 도쿄

 문제로 확인해 보기

1 나는 한국인이야. ♀ ▶ _____

2 나는 미국인이야. ♂ ▶ _____

3 나는 중국인이야. ♀ ▶ _____

4 나는 프랑스인이야. ♂ ▶ _____

오늘의 10분 끝!

02 나는 한국인이야.　**43**

나는 만족해.

Je suis로 기분과 상태 표현하기

초간단 개념 잡기

être 동사를 활용하여 자신의 기분이나 상태도 표현할 수 있어요. 'Je suis' 뒤에 기분이나 상태를 표현하는 형용사를 넣으면 돼요.

Je	suis	content
쥬	쒸	꽁떵
나는	~이다	만족한

여자일 경우는 contente(꽁떵뜨)라고 해요.

입에서 바로 나오는 문장 말하기 🔊 03-1

Je suis heureux ♂ / heureuse ♀.
쥬 쒸 외회 외회즈

나는 행복해.

Je suis triste.
쥬 쒸 트히스트

나는 슬퍼.

Je suis marié ♂ / mariée ♀.
쥬 쒸 마히예 마히예

나는 기혼이야.

✓ 단어 체크

content 꽁떵 ♂ - contente 꽁떵뜨 ♀ 만족한 / heureux 외회 ♂ - heureuse 외회즈 ♀ 행복한 /
triste 트히스트 슬픈 / marié 마히예 ♂ - mariée 마히예 ♀ 기혼의

기분과 상태를 말해 보세요.

> Je suis contente.
> 쥬 쒸 꽁떵뜨
> 나는 만족해.

> Je suis content.
> 쥬 쒸 꽁떵
> 나는 만족해.

✓ **fatiguée** [퐈티게] 피곤한	✓ **fatigué** [퐈티게] 피곤한
✓ **occupée** [오뀌뻬] 바쁜	✓ **occupé** [오뀌뻬] 바쁜
✓ **malade** [말라드] 아픈	✓ **célibataire** [쎌리바떼흐] 독신의, 미혼의

★참고 26~27쪽의 '형용사의 성과 수'를 참조하세요.

 문제로 확인해 보기

1 나는 행복해. ♀ ▸ _____

2 나는 슬퍼. ▸ _____

3 나는 기혼이야. ♂ ▸ _____

4 나는 만족해. ♀ ▸ _____

오늘의 10분 끝!

04 나는 여동생 한 명이 있어.

*J'ai*로 소유 표현하기

초간단 개념 잡기

'가지다'를 표현하는 단어는 avoir 동사예요. '나는 ~이 있어'라고 말할 때는 avoir 동사를 활용해 'J'ai ~'라고 말하면 돼요.

J'ai **une petite sœur**

쥬
나는 ~이 있다

윈 쁘띠뜨 쐬흐
여동생

> Je+ai의 축약형으로 J'ai를 써요!

입에서 바로 나오는 문장 말하기   04-1

J'ai une voiture.
쥬 윈 부와뛰흐

나는 자동차가 한 대 있어.

J'ai un rendez-vous.
쥬 엉 헝데부

나는 약속이 있어.

J'ai 25 ans.
쥬 방쌍껑

나는 25살이야.

✓ 단어 체크

une petite sœur 윈 쁘띠뜨 쐬흐 여동생 / une voiture 윈 부와뛰흐 자동차 / un rendez-vous 엉 헝데부 약속 /
un an 어 넝 살(나이)

회화로 응용하기   🎧 04-2

나이를 말할 때에는 'J'ai ○○ (숫자) ans.'이라고 해요. 빈칸에 주어진 어휘를 넣어 나이를 묻고 답하는 대화를 해 보세요.

Quel âge avez-vous ?
겔 라쥬 아베부
당신은 몇 살인가요?

J'ai 20 ans.
쥐 방 떵
저는 20살이에요.

- ✓ **20 ans** [방 떵] 20살
- ✓ **23 ans** [방트화 정] 23살
- ✓ **30 ans** [트헝 떵] 30살
- ✓ **45 ans** [꺄헝트쌍 껑] 45살
- ✓ **60 ans** [수와쌍 떵] 60살

★참고 34~35쪽의 '숫자'를 참조하세요.

 문제로 확인해 보기

1 나는 약속이 있어. ▸ _____

2 나는 25살이야. ▸ _____

3 나는 자동차가 한 대 있어. ▸ _____

4 나는 여동생 한 명이 있어. ▸ _____

오늘의 10분 끝!

05

나 배고파.

J'ai로 기분이나 상태 말하기

초간단 개념 잡기

기분이나 상태를 표현할 때도 avoir 동사를 활용하여 'J'ai ~'라고 말할 수 있어요. 빈번히 쓰이는 관용 표현이므로 잘 익혀 두세요.

J'ai	faim
쩨	팡
나는 ~이다	배고픈

입에서 바로 나오는 문장 말하기

  05-1

J'ai soif.
쩨　수와프

나 목말라.

J'ai froid.
쩨　프화

나 추워.

J'ai mal.
쩨　말

나 아파.

✓ 단어 체크

avoir 동사＋faim 팡 배고픈 / avoir 동사＋soif 수와프 목마른 / avoir 동사＋froid 프화 추운 /

avoir 동사＋mal 말 안 좋은, 나쁜

의미를 강조하고 싶을 때는 '매우, 몹시'라는 뜻을 가진 부사 très를 형용사 앞에 붙여서 말해요.

J'ai très faim.
쥐   트헤   팡
나 몹시 배고파.

J'ai très soif.
쥐   트헤   수와프
나 몹시 목말라.

J'ai très froid.
쥐   트헤   프화
나 몹시 추워.

J'ai très mal.
쥐   트헤   말
나 몹시 아파.

✓ **avoir** 동사 + **chaud** [쇼] 더운

✓ **avoir** 동사 + **sommeil** [쏘메이유] 졸린

문제로 확인해 보기

1 나 아파.   ▶ _____

2 나 목말라.   ▶ _____

3 나 추워.   ▶ _____

4 나 배고파.   ▶ _____

오늘의 10분 끝!

1/ 부정문을 만들어 보세요.

> Je suis content. → Je ne suis pas content.
> 나는 만족해.　　　　　나는 만족하지 않아.

1 Je suis coréen. → _____
나는 한국인이야.　　　나는 한국인이 아니야.

2 Je suis étudiant. → _____
나는 대학생이야.　　　나는 대학생이 아니야.

3 Je suis triste. → _____
나는 슬퍼.　　　　　나는 슬프지 않아.

4 Je suis malade. → _____
나 아파.　　　　　나는 아프지 않아.

5 Je suis fatigué. → _____
나 피곤해.　　　　　나는 피곤하지 않아.

2/ 둘 중에 알맞은 것을 고르세요.

1 | Je suis / J'ai | 30 ans.　　나는 30살이야.

2 | Je suis / J'ai | content.　　나는 만족해.

3 | Je suis / J'ai | froid.　　나는 추워.

4 | Je suis / J'ai | marié.　　나는 기혼이야.

3/ 다음의 단어를 활용하여 문장을 완성해 보세요.

> une petite sœur / je / avoir 나는 여동생 한 명이 있어.
> → J'ai une petite sœur.

[1] être / je / heureux 나는 행복해.

→ _____

[2] avoir / un rendez-vous / je 나는 약속이 있어.

→ _____

[3] faim / je / avoir 나는 배고파.

→ _____

[4] Busan / je / venir de 나는 부산 출신이야.

→ _____

[5] je / Lyon / originaire de / être 나는 리옹 출신이야.

→ _____

정답

1/ [1] Je ne suis pas coréen.　　[2] Je ne suis pas étudiant.
　　[3] Je ne suis pas triste.　　[4] Je ne suis pas malade.
　　[5] Je ne suis pas fatigué.

2/ [1] J'ai　　[2] Je suis　　[3] J'ai　　[4] Je suis

3/ [1] Je suis heureux.　　[2] J'ai un rendez-vous.
　　[3] J'ai faim.　　[4] Je viens de Busan.
　　[5] Je suis originaire de Lyon.

오늘의 10분 시작!

06 나는 한국어를 해.

Je parle로 할 줄 아는 언어 말하기

 초간단 개념 잡기

'(언어를) 말하다'를 표현하는 단어는 **parler** 동사예요. '나는 ~(언어)를 말해'라고 할 때는 '**Je parle** + 언어'라고 하면 돼요.

Je	parle	coréen
쥬	빠흘르	꼬헤앙
나는	말하다	한국어

 입에서 바로 나오는 문장 말하기   06-1

Je parle anglais.
쥬　빠흘르　엉글레

나는 영어를 (말)해.

Je parle chinois.
쥬　빠흘르　쉬누와

나는 중국어를 (말)해.

Je parle français.
쥬　빠흘르　프헝쎄

나는 프랑스어를 (말)해.

✔ 단어 체크

(le) coréen 르 꼬헤앙 한국어 / (l')anglais 렁글레 영어 / (le) chinois 르 쉬누와 중국어 /

(le) français 르 프헝쎄 프랑스어

어떤 언어를 말할 수 있는지 묻고 답하는 연습을 해 볼까요?

Tu parles italien ?
뛰 빠흘르 이딸리양
너 이탈리아어를 (말)해?

Oui, je parle italien.
위 쥬 빠흘르 이딸리양
응, 나 이탈리아어를 (말)해.

Non, je ne parle pas italien.
농, 쥬 느 빠흘르 빠 이딸리양
아니, 나 이탈리아어 못 해.

- ✓ **(l')italien** [이딸리양] 이탈리아어
- ✓ **(l')arabe** [아할] 아랍어
- ✓ **(le) russe** [휘쓰] 러시아어
- ✓ **(le) japonais** [쟈뽀네] 일본어
- ✓ **(l')allemand** [알멍] 독일어

문제로 확인해 보기

1 나는 영어를 해. ▶ _____

2 나는 중국어를 해. ▶ _____

3 나는 프랑스어를 해. ▶ _____

4 나는 한국어를 해. ▶ _____

07 나는 서울에 살아.

J'habite로 사는 곳 말하기

2분 초간단 개념 잡기

'~에 살다, 거주하다'를 표현하는 단어는 habiter 동사예요. '나는 ~에 살아'라고 말할 때
는 habiter 동사를 활용하여 'J'habite ~'라고 하면 돼요.

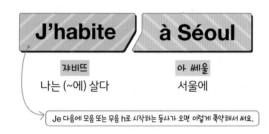

J'habite **à Séoul**

쟈비뜨 아 쎄울
나는 (~에) 살다 서울에

> Je 다음에 모음 또는 무음 h로 시작하는 동사가 오면 이렇게 축약해서 써요.

2분 입에서 바로 나오는 문장 말하기

J'habite à la campagne.
쟈비뜨 알 라 껑빠뉴

나는 시골에 살아.

J'habite dans un studio.
쟈비뜨 덩 정 스뛰디요

나는 원룸에 살아.

J'habite en ville.
쟈비뜨 엉 빌

나는 도시에 살아.

✓ 단어 체크

à la campagne 알 라 껑빠뉴 시골에 / dans un studio 덩 정 스뛰디요 원룸에 / en ville 엉 빌 도시에

3분 회화로 응용하기 🔊 07-2

어디에 사는지, 누구와 사는지 묻고 답하는 연습을 해 볼까요?

Tu habites où ?
뛰 아비뜨 우
너 어디에 살아?

Tu habites avec qui ?
뛰 아비뜨 아벡 끼
너 누구랑 살아?

J'habite à Séoul.
쟈비뜨 아 쎄울
나는 서울에 살아.

- ✓ **dans un appartement** [덩 정 아빠르뜨멍] 아파트에
- ✓ **dans une maison** [덩 쥔 메종] 단독 주택에
- ✓ **avec mes parents** [아벡 메 빠헝] 부모님과 함께
- ✓ **seul** [쐴] ♂ - **seule** [쐴르] ♀ 혼자

3분 문제로 확인해 보기

1 나는 서울에 살아.   ▶ _____

2 나는 시골에 살아.   ▶ _____

3 나는 원룸에 살아.   ▶ _____

4 나는 도시에 살아.   ▶ _____

오늘의 10분 끝!

08 나는 고양이를 좋아해.

J'aime로 좋아하는 것 말하기

2분 초간단 개념 잡기

'좋아하다'를 표현하는 단어는 aimer 동사예요. '나는 ~을 좋아해'라고 할 때에는 'J'aime ~'라고 하면 돼요. 'J'aime' 뒤에는 명사나 동사가 와요.

J'aime / **les chats**

젬
나는 ~을 좋아하다

레 샤
고양이

2분 입에서 바로 나오는 문장 말하기 🔊 08-1

J'aime lire.
젬   리흐

나는 책 읽기를 좋아해.

J'aime voyager.
젬   부와야줴

나는 여행하기를 좋아해.

J'aime chanter.
젬   셩떼

나는 노래 부르기를 좋아해.

✓ 단어 체크

les chats 레 샤 고양이 / lire 리흐 읽다 / voyager 부와야줴 여행하다 / chanter 셩떼 노래하다

'나는 ~을 좋아하지 않아'라고 말할 때는 J'aime에서 aime 앞에 'ne', 뒤에 'pas'를 넣어 'Je n'aime pas ~'로 표현할 수 있어요.

Je n'aime pas les chats.
쥬　넴　빠　레　샤
나는 고양이를 좋아하지 않아.

Je n'aime pas voyager.
쥬　넴　빠　부와야줴
나는 여행하기를 좋아하지 않아.

Je n'aime pas chanter.
쥬　넴　빠　셩떼
나는 노래 부르기를 좋아하지 않아.

3분 **문제로 확인해 보기**

1 나는 노래 부르기를 좋아해.　▶ _____

2 나는 여행하기를 좋아해.　▶ _____

3 나는 책 읽기를 좋아해.　▶ _____

4 나는 고양이를 좋아하지 않아.　▶ _____

오늘의 10분 끝!

09 나는 프랑스어를 공부해.

J'étudie로 공부하는 것 말하기

2분 초간단 개념 잡기

'공부하다'를 표현하는 단어는 étudier 동사예요. '나는 ~을 공부해/전공해'라고 말할 때는 étudier 동사를 활용하여 'J'étudie ~'라고 하면 돼요.

J'étudie	la langue française
졔뛰디	라 렁그 프헝쎄즈
나는 ~을 공부하다	프랑스어

2분 입에서 바로 나오는 문장 말하기 🔊 09-1

J'étudie la littérature coréenne.
졔뛰디   라   리떼하뛰흐   꼬헤엔느

나는 국문학을 전공해.

J'étudie le droit.
졔뛰디   르   드화

나는 법학을 전공해.

J'étudie à l'université Paris 7.
졔뛰디   아   뤼니벡씨떼   빠히 쎄뜨

나는 파리 7대학에서 공부해.

✔ 단어 체크

la langue française 라 렁그 프헝쎄즈 프랑스어 / la littérature coréenne 라 리떼하뛰흐 꼬헤엔느 국문학 /

le droit 르 드화 법학 / l'université 뤼니벡씨떼 대학

3분 회화로 응용하기

🎧 09-2

apprendre 동사를 활용하여 '배우다'라는 의미를 쓸 수도 있어요. '나는 ~을 배우다'
라고 할 때는 'J'apprends ~'라고 쓰면 돼요. 동사의 경우 à를 함께 써 줘요.

> **J'apprends à dessiner.**
> 자프헝   아   데씨네
> 나는 그림 그리는 것을 배워.

- ✓ **à dessiner** [아 데씨네] 그림 그리다
- ✓ **la photographie** [라 포또그하피] 사진
- ✓ **la pâtisserie** [라 빠띠쓰히] 제과
- ✓ **à nager** [아 나줴] 수영하다
- ✓ **à cuisiner** [아 뀌지네] 요리하다

3분 문제로 확인해 보기

1 나는 프랑스어를 공부해.　▶ _____

2 나는 국문학을 전공해.　▶ _____

3 나는 파리 7대학에서 공부해.　▶ _____

4 나는 법학을 전공해.　▶ _____

오늘의 10분 끝!

나는 자전거를 타.

Je fais로 취미 말하기

초간단 개념 잡기

여가 활동으로 무엇을 하는지 표현할 때에는 faire 동사를 활용하여 'Je fais ~'라고 말할 수 있어요. 'Je fais' 뒤에 운동이나 악기 이름을 붙여서 말하면 돼요.

Je	fais	du vélo
쥬	페	뒤 벨로
나는	타다(하다)	자전거

입에서 바로 나오는 문장 말하기

  10-1

Je fais du sport.
쥬 페 뒤 스뽀흐

나는 운동을 해.

Je fais du yoga.
쥬 페 뒤 요가

나는 요가를 해.

Je fais de la guitare.
쥬 페 들 라 기타흐

나는 기타를 쳐.

✓ 단어 체크

du vélo 뒤 벨로 자전거 / du sport 뒤 스뽀흐 운동 / du yoga 뒤 요가 요가 / de la guitare 들 라 기타흐 기타

3분 회화로 응용하기

🔊 10-2

여가 활동을 묻고 답하는 연습을 해 볼까요?

> **Qu'est-ce que tu fais comme loisir ?**
> 께스끄 뛰 페 껌 루와지흐
> 너 여가 활동으로 뭐 해?

> **Je fais du sport.**
> 쥬 페 뒤 스뽀흐
> 나는 운동을 해.

- ✓ **du tennis** [뒤 떼니쓰] 테니스
- ✓ **du ski** [뒤 스키] 스키
- ✓ **du ping-pong** [뒤 삥뽕그] 탁구
- ✓ **de la gym** [들 라 쥠] 헬스

3분 문제로 확인해 보기

1 나는 운동을 해. ▶ _____

2 나는 자전거를 타. ▶ _____

3 나는 요가를 해. ▶ _____

4 나는 기타를 쳐. ▶ _____

오늘의 **10분** 끝!

1/ 빈칸에 알맞은 동사를 쓰세요.

1. Je _____ français. 나는 프랑스어를 말해.

2. J'_____ lire. 나는 책 읽기를 좋아해.

3. J'_____ la littérature coréenne. 나는 국문학을 전공해.

4. Je _____ du yoga. 나는 요가를 해.

5. J'_____ à la campagne. 나는 시골에 살아.

2/ 알맞은 단어끼리 연결해서 문장을 완성해 보세요.

1. J'aime   •   a) voyager

2. J'habite   •   b) du tennis

3. J'apprends   •   c) à Séoul

4. Je fais   •   d) anglais

5. Je parle   •   e) à dessiner

3/ 다음 그림에 알맞은 문장을 완성해 보세요.

보기  → Je fais de la guitare.

1  → _____

2  → _____

3  → _____

정답

1/ ① parle ② aime ③ étudie ④ fais ⑤ habite

2/ ① a) ② c) ③ e) ④ b) ⑤ d)

3/ ① Je fais du ski. ② Je fais du vélo.
   ③ Je fais du ping-pong.

프랑스에서 꼭 먹어야 할 음식 Best 5

✲ 크레프 Crêpes

크레프는 메밀가루나 밀가루 반죽을 얇게 부쳐서 그 위에 여러 재료를 넣어 먹는 프랑스 브르타뉴 지방의 대표 음식이에요. 브르타뉴 지방에서는 사과로 만든 발효주인 시드르(Cidre)와 함께 먹어요. 크레프는 두 종류가 있어요. 얇은 반죽 위에 달콤한 크림, 초콜릿 등을 넣은 크레프 쉬크레(crêpes sucrées)와 약간 더 두툼한 메밀 반죽에

햄, 치즈 등 짭짤한 맛의 재료를 넣은
크레프 살레(crêpes salées)/
갈레트(galettes)가 있어요.

✲ 키슈 Quiche

키슈는 프랑스식 에그타르트예요. 특히 프랑스 로렌 지방의 키슈 로렌(Quiche Lorraine)이 가장 유명해요. 키슈 로렌에서는 달걀과 크림에 베이컨을 넣어 만들어요. 그 외에도 양파, 치즈를 추가하기도 하고, 지역에 따라 바질, 토마토, 돼지고기 등을 넣기도 해요. 키슈는 샐러드와 함께 가벼운 식사로 먹거나 전채요리(앙트레, entrée) 로 먹어요.

🌟 카술레 Cassoulet

카술레는 프랑스 랑그독 지방의 전통 식기인
카솔(cassole)에 흰콩과 돼지고기, 가공된 육류를
넣고 오랜 시간 약한 불에서 뭉근히 끓여 만든 요리예요. 카술레에서는 콩이
가장 중요한 식재료라고 할 수 있는데요. 프랑스 토종 흰 강낭콩에 돼지고기,
베이컨, 소시지, 햄, 돼지 껍질, 오리나 거위 콩피(confit: 고기 자체의 지방
으로 절인 요리) 등 지역별로 다양한 육류를 넣어 만들어요.

🌟 에스카르고 Escargots

프랑스에 가면 달팽이 요리를 안 먹어 볼 수가 없겠죠!
에스카르고는 프랑스어로 달팽이라는 뜻인데요, 식용 달팽
이로 만든 요리니 걱정 말고 먹어 보세요. 가장 유명한 요리는 허브와 마늘을
넣은 버터로 만든 부르고뉴 지방식의 '에스카르고 아 라 부르고뉴(Escargots
à la Bourgogne)'예요.

🌟 부야베스 Bouillabaisse

부야베스는 프랑스의 대표 항구도시 마르세유의 전통
음식으로, 일종의 지중해식 해산물 스튜예요.
부야베스는 바다에서 갓 잡아 올린 신선한
생선과 해산물, 좋은 올리브 오일과 마늘,
토마토, 사프란, 월계수 잎 등 프로방스 지방
의 다양한 허브와 향신료를 넣어 만들어요.

PARTIE 02

내가 지금 하는 것 말하기!

나는 사과 하나를 먹어.

*Je mange*로 먹는 것 말하기

초간단 개념 잡기

'먹는다'를 표현하는 단어는 manger 동사예요. '나는 ~을 먹어'라고 표현할 때 manger 동사를 활용하여 'Je mange ~'로 말해요. 'Je mange' 뒤에는 명사, 부사, 장소 등이 올 수 있어요.

Je	**mange**	**une pomme**
쥬	멍쥬	윈 뻠므
나는	먹다	사과 하나

입에서 바로 나오는 문장 말하기   11-1

Je mange de la viande.
쥬　멍쥬　들 라　비영드

나는 고기를 먹어.

Je mange au restaurant.
쥬　멍쥬　오　헤스토헝

나는 레스토랑에서 먹어. (= 식사해.)

Je mange un sandwich.
쥬　멍쥬　엉　썽드위치

나는 샌드위치 하나를 먹어.

Je mange beaucoup.
쥬　멍쥬　보꾸

나는 많이 먹어.

✔ 단어 체크

une pomme 윈 뻠므 사과 하나 / de la viande 들 라 비영드 고기 / au restaurant 오 헤스토헝 레스토랑에서 /
un sandwich 엉 썽드위치 샌드위치 하나 / beaucoup 보꾸 많이

3분 회화로 응용하기

🎧 11-2

Je mange 뒤에 때를 나타내는 표현이나 부사가 올 수 있어요.

> **Je mange un sandwich le midi.**
> 쥬   멍쥬   엉   썽드위치   르   미디
> 나는 점심에 샌드위치 하나를 먹어.

- ✔ **une clémentine** [윈 끌레멍틴] 귤 하나
- ✔ **de la pizza** [들 라 피짜] 피자
- ✔ **un pain au chocolat**
  [엉 빵 오 쇼꼴라] 빵 오 쇼콜라 하나
- ✔ **le matin** [르 마땅] 아침에
- ✔ **le soir** [르 수와] 저녁에
- ✔ **vite** [비뜨] 빨리
- ✔ **lentement** [렁뜨멍] 천천히

3분 문제로 확인해 보기

1 나는 샌드위치 하나를 먹어.   ▶ _____

2 나는 많이 먹어.   ▶ _____

3 나는 고기를 먹어.   ▶ _____

4 나는 사과 하나를 먹어.   ▶ _____

오늘의 10분 끝!

12 나는 따뜻한 물을 마셔.

*Je bois*로 마시는 것 말하기

2분 초간단 개념 잡기

'마시다'를 표현하는 단어는 boire 동사예요. '나는 ~을 마셔'라고 표현할 때 boire 동사를 활용하여 'Je bois ~'로 말해요. 'Je bois' 뒤에는 명사가 와요.

Je	**bois**	**de l'eau chaude**
쥬	부와	들 로 쇼드
나는	마시다	따뜻한 물

2분 입에서 바로 나오는 문장 말하기 🔊 12-1

Je bois du jus d'orange. 쥬 부와 뒤 쥐 도헝쥬	나는 오렌지주스를 마셔.
Je bois un verre de vin rouge. 쥬 부와 엉 베흐 드 방 후즈	나는 레드와인 한 잔을 마셔.
Je bois du chocolat chaud. 쥬 부와 뒤 쇼꼴라 쇼	나는 핫초콜릿을 마셔.
Je bois du lait le matin. 쥬 부와 뒤 레 르 마땅	나는 아침에 우유를 마셔.

✓ 단어 체크

de l'eau chaude 들 로 쇼드 따뜻한 물 / du jus d'orange 뒤 쥐 도헝쥬 오렌지주스 /

un verre de vin rouge 엉 베흐 드 방 후즈 레드와인 한 잔 / du chocolat chaud 뒤 쇼꼴라 쇼 핫초콜릿 /

du lait 뒤 레 우유 / le matin 르 마땅 아침

3분 회화로 응용하기   🔊 12-2

verre는 '컵, 잔'을 뜻하는 단어예요. 이 단어를 활용하여 boire un verre라고 하면 '~한 잔을 마시다'라는 의미로 쓸 수 있고, '술을 한잔하다'라는 의미로도 쓸 수 있어요.

> **Je bois un verre d'eau.**
> 쥬 부아 엉 베흐 도
> 나는 물 한 잔을 마셔.

- ✓ **d'eau froide** [도 프화드] 찬 물
- ✓ **de vin blanc** [드 방 블렁] 화이트 와인
- ✓ **de lait** [드 레] 우유

3분 문제로 확인해 보기

1 나는 오렌지주스를 마셔. ▸ _____

2 나는 아침에 우유를 마셔. ▸ _____

3 나는 따뜻한 물을 마셔. ▸ _____

4 나는 화이트 와인 한 잔을 마셔. ▸ _____

오늘의 10분 끝!

13

나는 기차를 타.

Je prends으로 교통수단 이용하기

2분 초간단 개념 잡기

prendre 동사는 '먹다, 마시다'라는 뜻으로 자주 쓰이지만, '(교통수단을) 타다'라는 의미로도 사용할 수 있어요. '나는 ~을 타'라고 표현할 때 'Je prends' 뒤에 교통수단을 나타내는 명사가 와요.

Je	prends	le train
쥬	프헝	르 트항
나는	타다	기차

2분 입에서 바로 나오는 문장 말하기 13-1

Je prends le taxi.
쥬　　프헝　　르　딱씨

나는 택시를 타.

Je prends le bus.
쥬　　프헝　　르　뷔스

나는 버스를 타.

Je prends le métro.
쥬　　프헝　　르　메트호

나는 지하철을 타.

Je prends l'avion.
쥬　　프헝　　라비용

나는 비행기를 타.

✓ 단어 체크

le train 르 트항 기차 / le taxi 르 딱씨 택시 / le bus 르 뷔스 버스 / le métro 르 메트호 지하철 /

l'avion 라비용 비행기

교통수단을 이용하는 표현을 더 말해 보세요.

> Qu'est-ce que tu prends
> 께스끄   뛰   프헝
> **pour aller au travail ?**
> 뿌흐 알레 오 트하바이
> 무엇을 타고 일하러 가?

> Je prends la voiture.
> 쥬   프헝   라 부와뛰흐
> 나는 자동차를 타.

- ✓ **la voiture** [라 부와뛰흐] 자동차
- ✓ **le tram** [르 트함] 트램
- ✓ **le T.G.V. (train à grande vitesse)** [르 떼줴베] (KTX, SRT와 같은) 고속열차
- ✓ **le bateau** [르 바또] 배
- ✓ **le vélo** [르 벨로] 자전거

3분 **문제로 확인해 보기**

1 나는 비행기를 타.   ▶ _____

2 나는 기차를 타.   ▶ _____

3 나는 택시를 타.   ▶ _____

4 나는 지하철을 타.   ▶ _____

오늘의 10분 끝!

14 나는 기차역에 가.

*Je vais*로 이동하기

2분 초간단 개념 잡기

'가다'를 표현하는 단어는 aller 동사예요. '나는 ~에 가'라고 표현할 때 aller 동사를 활용하여 'Je vais ~'로 말해요. 'Je vais' 뒤에는 '전치사 + 장소를 나타내는 명사'가 와요.

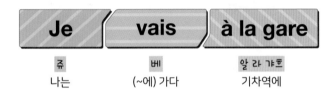

Je	vais	à la gare
쥬	베	알 라 갸흐
나는	(~에) 가다	기차역에

2분 입에서 바로 나오는 문장 말하기 🔊 14-1

Je vais à l'école.
쥬 베 아 레꼴

나는 학교에 가.

Je vais au cinéma.
쥬 베 오 씨네마

나는 영화관에 가.

Je vais au marché.
쥬 베 오 막쉐

나는 시장에 가.

Je vais chez Nicole.
쥬 베 쉐 니꼴

나는 니콜의 집에 가.

✓ 단어 체크

à la gare 알 라 갸흐 기차역에 / à l'école 아 레꼴 학교에 / au cinéma 오 씨네마 영화관에 /

au marché 오 막쉐 시장에 / chez 쉐 ~의 집

다양한 장소와 지명을 말하는 연습을 해 보세요.

Tu vas où ?
뛰 바 우
어디에 가니?

Je vais aux toilettes.
쥬 베 오 뚜왈레뜨
나는 화장실에 가.

✓ **aux toilettes** [오 뚜왈레뜨] 화장실에	✓ **en France** [엉 프헝쓰] 프랑스에
✓ **au supermarché** [오 쒸뻬흐막쉐] 마트에	✓ **à l'aéroport** [아 라에호뽀흐] 공항에
✓ **à la bibliothèque** [알 라 비블리요떼끄] 도서관에	✓ **à Nice** [아 니쓰] 니스에
✓ **à la pharmacie** [알 라 퐈흐마씨] 약국에	

3분 문제로 확인해 보기

1 나는 기차역에 가.　▶ _____

2 나는 학교에 가.　▶ _____

3 나는 니콜의 집에 가.　▶ _____

4 나는 영화관에 가.　▶ _____

오늘의 10분 끝!

15 나는 스페인으로 떠나.

Je pars로 떠나는 곳 말하기

2분 초간단 개념 잡기

'떠나다'를 표현하는 단어는 partir 동사예요. '나는 ~로/에서 떠나'라고 표현할 때 partir 동사를 활용하여 'Je pars ~'로 말해요. 'Je pars' 뒤에는 '전치사 + 명사'가 와요.

Je	pars	en Espagne
쥬	빠흐	어 네스빠뉴
나는	떠나다	스페인

2분 입에서 바로 나오는 문장 말하기   🔊 15-1

Je pars en vacances en juillet.
쥬 빠흐 엉 바껑스 엉 쥬이예

나는 7월에 휴가를 떠나.

Je pars à 10 heures.
쥬 빠흐 아 디 죄흐

나는 10시에 떠나.

Je pars de Bordeaux.
쥬 빠흐 드 보흐도

나는 보르도에서 떠나.

Je pars pour Séoul.
쥬 빠흐 뿌흐 써울

나는 서울로 떠나.

✓ 단어 체크

partir en vacances 빠띠흐 엉 바껑스 휴가를 떠나다 / en juillet 엉 쥬이예 7월에 / à 10 heures
아 디 죄흐 10시에 / de 드 ~에서 / Bordeaux 보흐도 보르도 / pour 뿌흐 ~로 휴가를 언제 가는지 말해 보세요.

Quand tu pars en vacances ?
껑   뛰 빠흐 엉   바껑스
너 휴가 언제 떠나니?

Je pars en juillet.
쥬   빠흐   엉 쥬이예
나는 7월에 떠나.

✓ **en juin** [엉 쥬앙] 6월에	✓ **au printemps** [오 프항떵] 봄에
✓ **en juillet** [엉 쥬이예] 7월에	✓ **en été** [언 에떼] 여름에
✓ **en août** [언 우뜨] 8월에	✓ **en automne** [언 오뜬] 가을에
	✓ **en hiver** [언 이베흐] 겨울에

 문제로 확인해 보기

1 나는 7월에 휴가를 떠나. ▸ _____

2 나는 보르도에서 떠나. ▸ _____

3 나는 서울로 떠나. ▸ _____

4 나는 10시에 떠나. ▸ _____

오늘의 10분 끝!

1, 빈칸에 알맞은 전치사를 [보기]에서 찾아 쓰세요.

> [보기] à / en / chez / de / pour

1 Je vais ☐ France. 나는 프랑스에 가.

2 Je vais ☐ l'école. 나는 학교에 가.

3 Je vais ☐ Nicole. 나는 니콜의 집에 가.

4 Je pars ☐ Séoul. 나는 서울로 떠나.

5 Je pars ☐ Bordeaux. 나는 보르도에서 떠나.

2, 빈칸에 알맞은 동사를 쓰세요.

1 Je _____ du chocolat chaud.

나는 핫초콜릿을 마셔.

2 Je _____ au cinéma.

나는 영화관에 가.

3 Je _____ le bus.

나는 버스를 타.

4 Je _____ en vacances en juillet.

나는 7월에 휴가를 떠나.

5 Je _____ l'avion.

나는 비행기를 타.

6 Je _____ un sandwich.

나는 샌드위치 하나를 먹어.

3／ 그림에 맞는 단어를 찾아 연결해 보세요.

1

a) l'été

2

b) l'automne

3

c) l'hiver

4

d) le printemps

16 나는 버스를 기다려.

J'attends으로 기다리는 것 말하기

2분 초간단 개념 잡기

'기다리다'를 표현하는 단어는 attendre 동사예요. '나는 ~을 기다려'라고 표현할 때 attendre 동사를 활용하여 'J'attends ~'으로 말해요.

J'attends / **le bus**

쟈떵   르 뷔스

나는 ~을 기다리다   버스

2분 입에서 바로 나오는 문장 말하기

 16-1

J'attends un ami.
쟈떵   어   나미

나는 친구를 기다려.

J'attends ta réponse.
쟈떵   따   헤뻥쓰

나는 너의 대답을 기다려.

J'attends son appel.
쟈떵   쏘   나뻴

나는 그녀의 전화를 기다려.

J'attends son retour.
쟈떵   쏭   흐뚜흐

나는 그가 돌아오기를 기다려.

✓ 단어 체크

une réponse 윈 헤뻥쓰 대답 / un appel 어 나뻴 전화 / un retour 엉 흐뚜흐 돌아옴

무엇을 기다리는지 묻고 답하는 연습을 해 볼까요?

Qu'est-ce que tu attends ?
께스끄 뛰 아떵
무엇을 기다리니?

J'attends le taxi.
쟈떵 르 딱씨
나는 택시를 기다려.

- ✓ **le taxi** [르 딱씨] 택시
- ✓ **le train** [르 트헝] 기차
- ✓ **son message** [쏭 메싸쥬] 그(그녀)의 메시지
- ✓ **le dîner** [르 디네] 저녁식사

(3분) 문제로 확인해 보기

1 나는 친구를 기다려.　▶ _____

2 나는 버스를 기다려.　▶ _____

3 나는 너의 대답을 기다려.　▶ _____

4 나는 그녀의 전화를 기다려.　▶ _____

오늘의 10분 끝!

나는 콜라 하나를 사.

J'achète로 물건 구매하기

2분 초간단 개념 잡기

'사다'를 표현하는 단어는 acheter 동사예요. '나는 ~을 사'라고 표현할 때 acheter 동사를 활용하여 'J'achète ~'로 말해요. 'J'achète' 뒤에는 명사가 와요.

J'achète / **un coca**

쟈쉐뜨　　　　　　엉 꼬까
나는 ~을 사다　　　콜라 하나

2분 입에서 바로 나오는 문장 말하기   🔊 17-1

J'achète un croissant.
쟈쉐뜨　엉　크화썽
나는 크루아상 하나를 사.

J'achète un téléphone portable.
쟈쉐뜨　엉　떼레폰　뽁따블르
나는 휴대전화를 사.

J'achète des souvenirs.
쟈쉐뜨　데　쑤브니흐
나는 기념품을 사.

J'achète une robe.
쟈쉐뜨　윈　호브
나는 원피스 하나를 사.

✔ 단어 체크

un coca 엉 꼬까 콜라 하나 / un croissant 엉 크화썽 크루아상 하나 / un téléphone portable
엉 떼레폰 뽁따블르 휴대전화 / des souvenirs 데 쑤브니흐 기념품 / une robe 윈 호브 원피스 하나

3분 회화로 응용하기　🎧 17-2

무엇을 구입하는지 말해 보세요.

> **Qu'est-ce que tu achètes ?**
> 께스끄　뜌　아쉐뜨
> 너는 무엇을 사니?

> **J'achète des fruits.**
> 쟈쉐뜨　데　프휘
> 과일을 사.

- ✓ **des fruits** [데 프휘] 과일
- ✓ **des chaussures** [데 쇼쒸흐] 신발
- ✓ **un manteau** [엉 망또] 외투
- ✓ **une tablette** [윈 따블레뜨] 태블릿 PC
- ✓ **des fleurs** [데 플뢰흐] 꽃

3분 문제로 확인해 보기

1 나는 휴대전화를 사.　▶ _____

2 나는 원피스 하나를 사.　▶ _____

3 나는 기념품을 사.　▶ _____

4 나는 콜라 하나를 사.　▶ _____

18

나는 출구를 찾아.

Je cherche로 찾아보기

2분 초간단 개념 잡기

'찾다'를 표현하는 단어는 chercher 동사예요. '나는 ~을 찾아'라고 표현할 때 chercher 동사를 활용하여 'Je cherche ~'로 말해요. 'Je cherche' 뒤에는 명사가 와요.

Je	cherche	la sortie
쥬	쉐흑슈	라 쏙띠
나는	찾다	출구

2분 입에서 바로 나오는 문장 말하기
🎧 18-1

Je cherche un hôtel.
쥬　쉐흑슈　언　오뗄

나는 호텔을 찾아.

Je cherche un restaurant italien.
쥬　쉐흑슈　엉　헤스토헝　이딸리앙

나는 이탈리아 레스토랑을 찾아.

Je cherche ma clé.
쥬　쉐흑슈　마　끌레

나는 (내) 열쇠를 찾아.

Je cherche un travail.
쥬　쉐흑슈　엉　트하바이

나는 일을 찾아.

✔ 단어 체크

la sortie 라 쏙띠 출구 / un hôtel 언 오뗄 호텔 / ma clé 마 끌레 나의 열쇠 / un travail 엉 트하바이 일

'나의 ~'이라는 뜻을 나타내는 소유 형용사는 mon/ma/mes예요. 명사의 성, 단수, 복수에 따라 다르게 사용해요.

Qui est-ce ?
끼 에 쓰
그 사람은 누구야?

C'est mon père.
쎄 몽 뻬흐
나의 아버지야.

Qu'est-ce que
께스끄
c'est ?
쎄
이건 뭐야?

Ce sont
쓰 쏭
mes lunettes.
메 뤼네뜨
내 안경이야.

> 복수 명사에 사용

✓ **ma mère** [마 메흐] 나의 어머니

✓ **mon frère** [몽 프헤흐] 나의 형제

✓ **mes amis** [메 자미] 나의 친구들

✓ **ma voiture** [마 부와뛰흐] 나의 자동차

✓ **mon cahier** [몽 꺄이예] 나의 공책

3분 문제로 확인해 보기

1 나는 (내) 열쇠를 찾아. ▸ _____

2 나는 호텔을 찾아. ▸ _____

3 나는 출구를 찾아. ▸ _____

4 나는 이탈리아 레스토랑을 찾아. ▸ _____

오늘의 10분 끝!

19 나는 기차역에 갈 거야.

Je vais로 계획 말하기

2분 초간단 개념 잡기

aller 동사는 '가다'라는 뜻 외에도 곧 일어날 미래를 나타낼 때 사용할 수 있어요. '나는 ~을 할 거야'라고 표현할 때 'Je vais + 동사원형'으로 표현하면 돼요.

Je	vais	aller à la gare
쥬	베	알레 알 라 갸흐
나는	할 것이다	기차역에 가다

2분 입에서 바로 나오는 문장 말하기 🔊 19-1

Je vais rentrer tard ce soir.
쥬　베　헝트헤　따흐　스　수와

나는 오늘 저녁 집에 늦게 들어갈 거야.

Je vais parler avec elle.
쥬　베　빠흘레　아벡　껠

나는 그녀와 이야기할 거야.

Je vais me promener.
쥬　베　므　프호므네

나는 산책할 거야.

> myself처럼 재귀적 용법을 나타낼 때, 'Je me + 동사'로 표현할 수 있어요.

Je vais partir demain.
쥬　베　빠띠흐　드망

나는 내일 떠날 거야.

✔ 단어 체크

rentrer 헝트헤 집에 돌아가다, 다시 들어가다 / tard 따흐 늦게 / partir 빠띠흐 떠나다 /

demain 드망 내일

⏱3분 회화로 응용하기　　　　　　　　　　🎧 19-2

앞으로 예정된 일을 더 말해 보세요.

> **Qu'est-ce que tu vas faire ?**
> 께스끄　　　뛰　바　페흐
> 너 뭐 할 거야?

> **Je vais sortir.**
> 쥬　베　쏙띠흐
> 외출할 거야.

- ✓ **sortir** [쏙띠흐] 나가다, 외출하다
- ✓ **cuisiner** [뀌지네] 요리하다
- ✓ **regarder la télé** [흐갸흐데 라 뗄레] TV를 보다
- ✓ **travailler** [트하바이예] 일하다, 공부하다

⏱3분 문제로 확인해 보기

1 나는 기차역에 갈 거야. ▸ _____

2 나는 산책할 거야. ▸ _____

3 나는 내일 떠날 거야. ▸ _____

4 나는 오늘 저녁 집에 늦게 들어갈 거야. ▸ _____

오늘의 10분 끝!

16-19 Review

1/ 제시된 동사를 활용하여 빈칸에 알맞은 말을 쓰세요.

1 chercher : Je _____ un hôtel.

2 attendre : J' _____ un ami.

3 aller : Je _____ rentrer tard ce soir.

4 acheter : J'_____ un manteau.

2/ 다음과 같이 문장을 바꾸세요.

> Je parle avec elle. 나는 그녀와 이야기해.
> → Je vais parler avec elle. 나는 그녀와 이야기할 거야.

1 Je me promène. 나는 산책해.

→ _____ 나는 산책할 거야.

2 Je vais à la gare. 나는 기차역에 가.

→ _____ 나는 기차역에 갈 거야.

3 Je pars demain. 나는 내일 떠나.

→ _____ 나는 내일 떠날 거야.

4 Je sors. 나는 외출해.

→ _____ 나는 외출할 거야.

5 Je travaille. 나는 일을(공부를) 해.

→ _____ 나는 일을(공부를) 할 거야.

3/ 빈칸에 알맞은 소유형용사를 골라 쓰세요.

> **보기**   mon / ma / mes

1 J'achète un coca à [   ] petit frère.
나는 남동생에게 콜라를 사 줘.

2 Je cherche [   ] clé.
나는 열쇠를 찾아.

3 J'attends [   ] mère.
나는 어머니를 기다려.

4 J'achète des souvenirs pour [   ] amis.
나는 친구들을 위한 기념품을 사.

정답

1/ 1 cherche   2 attends   3 vais   4 achète

2/ 1 Je vais me promener.
　 2 Je vais aller à la gare.
　 3 Je vais partir demain.
　 4 Je vais sortir.
　 5 Je vais travailler.

3/ 1 mon   2 ma   3 ma   4 mes

에펠 탑 어디까지 알고 있니?

프랑스에서 '철의 여인'이라고도 불리는 에펠 탑은 오늘날 프랑스 사람들뿐만 아니라 전 세계인들의 사랑을 받고 있답니다. 에펠 탑에 대해 잘 모르고 있었던 몇 가지 사실을 알아볼까요?

✿ 에펠 탑은 파리의 흉물이었다?!

지금은 프랑스를 상징하는 대표적인 건축물이지만, 에펠 탑이 처음부터 큰 사랑을 받았던 건 아니었어요. 에펠 탑이 처음 지어졌을 때만 해도 에펠 탑을 흉물스럽다고 생각하는 사람들이 많았어요. 프랑스의 소설가, 기 드 모파상도 에펠 탑을 싫어했는데 그는 에펠 탑 아래에서 식사를 했어요. 왜냐하면 그곳만이 에펠 탑이 보이지 않는 유일한 장소였기 때문이죠.

✿ 에펠 탑의 첫 방문자는?

2019년, 에펠 탑이 건립 130주년을 맞이했답니다. 그 동안 수없이 많은 사람들이 에펠 탑을 방문했겠죠. 그렇다면 에펠 탑을 처음 방문한 사람은 누구였을까요? 바로 영국 왕실 가족이었다고 해요. 1889년, 에펠 탑에 첫 발을 딛는 영광을 누렸답니다.

✿ 4초마다 1명씩?

전 세계에서 유료로 방문하는 건축물 중 가장 많은 사람들이 방문하는 건축물이 바로 에펠 탑이랍니다. 매년 약 7백만 명이 에펠 탑을 방문한다고 해요. 4초마다 1명씩 방문하는 셈이랍니다.

✤ 에펠 탑이 빨간색이었다고?

에펠 탑의 색은 그 동안 여러 번 바뀌었어요. 처음 에펠 탑이 지어졌을 때, 구스타브 에펠은 붉은 색을 선택했어요. 왜냐하면 녹이 슬어도 가장 티 나지 않는 색이었기 때문이죠. 1892년에는 황토색, 1899년에는 노란색이었답니다. 그 이후로도 몇 번 색이 바뀌었고 1968년 이래로 현재의 색을 유지하고 있어요.

✤ 에펠 탑의 키가 바뀐다고?

324미터 높이의 에펠 탑은 프랑스에서 가장 높은 건축물이에요. 그런데 겨울에는 4~8센티미터 정도 줄어든다고 해요. 온도에 따라 높이가 조금씩 달라진답니다.

✤ 청혼의 명소

에펠 탑은 청혼 장소로도 인기가 많답니다. 매일 두 커플 이상이 주로 에펠 탑 2층에 있는 레스토랑, '쥘 베른(Jules Verne)'에서 청혼을 한다고 해요.

✤ 불 켜진 에펠 탑

에펠 탑에 처음으로 불이 켜진 건 프랑스의 자동차 브랜드, '시트로엥'의 광고를 위해서였어요.

PARTIE 03

내 생각 표현하기!

20 나는 카페라테를 원해.

Je voudrais로 원하는 것 말하기

2분 초간단 개념 잡기

'원하다'를 표현하는 단어는 vouloir 동사예요. '나는 ~을 원해/하고 싶어'라고 완곡하게 말할 때는 vouloir 동사를 활용하여 'Je voudrais + 동사원형/명사'라고 하면 돼요.

Je	**voudrais**	**un café au lait**
쥬	부드헤	엉 꺄페 오 레
나는	원하다	카페라테

2분 입에서 바로 나오는 문장 말하기 🔊 20-1

Je voudrais boire de l'eau.
쥬 부드헤 부와흐 들 로

나는 물을 마시고 싶어.

Je voudrais aller à l'aéroport.
쥬 부드헤 알레 아 라에호뽀흐

나는 공항에 가고 싶어.

Je voudrais voyager.
쥬 부드헤 부와야줴

나는 여행하고 싶어.

Je voudrais des mouchoirs en papier.
쥬 부드헤 데 무슈와흐 엉 빠삐예

나는 휴지(티슈)를 원해.

✔ **단어 체크**

boire 부와흐 마시다 / de l'eau 들 로 물을 / à l'aéroport 아 라에호뽀흐 공항에 /
des mouchoirs en papier 데 무슈와흐 엉 빠삐예 티슈

원하는 것을 좀 더 강하게 말할 때는, vouloir 동사의 현재형을 사용하여 'Je veux~'
라고 말할 수 있어요.

Qu'est-ce que tu veux ?
게스끄   뛰 뵈
너는 무엇을 원하니?

Je veux du pain.
쥬 뵈 뒤 빵
나는 빵을 원해.

✓ **du pain** [뒤 빵] 빵

✓ **un appareil photo** [언 아빠헤이 포또] 카메라

✓ **partir** [빠띠흐] 떠나다

✓ **aller aux toilettes** [알레 오 뚜왈러뜨] 화장실에 가다

3분 문제로 확인해 보기

1 나는 물을 마시고 싶어. ▶ _____

2 나는 공항에 가고 싶어. ▶ _____

3 나는 카페라테를 원해. ▶ _____

4 나는 여행하고 싶어. ▶ _____

오늘의 10분 끝!

오늘의 **10**분 시작!

21   # 나는 이게 더 좋아.

Je préfère로 더 좋아하는 것 말하기

2분 초간단 개념 잡기

'~을 더 좋아하다'를 표현하는 단어는 préférer 동사예요. '나는 ~을 더 좋아해'라고 말할 때는 préférer 동사를 활용하여 'Je préfère ~'라고 하면 돼요.

Je	préfère	celui-ci
쥬	프헤페흐	쓸뤼씨
나는	더 좋아하다	이거

2분 입에서 바로 나오는 문장 말하기

Je préfère le bleu.
쥬   프헤페흐   르   블뢰

나는 파란색이 더 좋아.

Je préfère l'hiver à l'été.
쥬   프헤페흐   리베흐   아   레떼

나는 여름보다 겨울이 더 좋아.

Je préfère rester seul(e).
쥬   프헤페흐   헤스떼   쐴(르)

나는 혼자 있는 게 더 좋아.

Je préfère vivre en ville.
쥬   프헤페흐   비브흐   엉   빌

나는 도시에서 사는 게 더 좋아.

✔ **단어 체크**

celui-ci 쓸뤼씨 이거 / le bleu 르 블뢰 파란색 / rester 헤스떼 있다 / vivre 비브흐 살다

'나는 A보다 B가 더 좋아'라고 할 때에는 'Je préfère B à A'라고 말하면 돼요.

> **Je préfère la mer à la montagne.**
> 쥬 프헤페흐 라 메흐 알 라 몽따뉴
> 나는 산보다 바다가 더 좋아.

★참고 전치사 à 와 정관사 le가 만나면 au[오]로 축약됩니다!

- ✓ **la mer** [라 메흐] 바다
- ✓ **la montagne** [라 몽따뉴] 산
- ✓ **le bus** [르 뷔스] 버스
- ✓ **le métro** [르 메트호] 전철
- ✓ **le thé** [르 떼] 차
- ✓ **le café** [르 꺄페] 커피
- ✓ **le baseball** [르 베즈볼] 야구
- ✓ **le football** [르 풋볼] 축구
- ✓ **le chat** [르 샤] 고양이
- ✓ **le chien** [르 쉬앙] 개

(3분) 문제로 확인해 보기

1 나는 이게 더 좋아. ▶ _____

2 나는 파란색이 더 좋아. ▶ _____

3 나는 여름보다 겨울이 더 좋아. ▶ _____

4 나는 도시에서 사는 게 더 좋아. ▶ _____

오늘의 10분 끝!

22 나는 텔레비전을 봐.

Je regarde로 보는 것 말하기

2분 초간단 개념 잡기

'보다'를 표현하는 단어는 regarder 동사예요. 의식적으로 주의를 기울여 무언가를 볼 때 regarder 동사를 사용해요. '나는 ~을 봐'라고 말할 때는 'Je regarde ~'라고 하면 돼요.

Je	regarde	la télévision
쥬	흐갸흐드	라 뗄레비지옹
나는	보다	텔레비전

2분 입에서 바로 나오는 문장 말하기 🔊 22-1

Je regarde une série américaine.
쥬 흐갸흐드 윈 쎄히 아메히껜느

나는 미국 드라마를 봐.

Je regarde sa photo de profil.
쥬 흐갸흐드 싸 포또 드 프호필

나는 그(그녀)의 프로필 사진을 봐.

Je regarde le journal télévisé.
쥬 흐갸흐드 르 쥬흐날 뗄레비제

나는 뉴스를 봐.

Je regarde un match de football.
쥬 흐갸흐드 엉 마츠 드 풋볼

나는 축구 경기를 봐.

✔ **단어 체크**

la télévision 라 뗄레비지옹 텔레비전 / une série 윈 쎄히 드라마 / la photo de profil 라 포또 드 프호필 프로필 사진 / le journal télévisé 르 쥬흐날 뗄레비제 (티브이) 뉴스 / un match de football 엉 마츠 드 풋볼 축구 경기

무엇을 보고 있어요? 보고 있는 것을 더 말해 보세요.

Qu'est-ce que tu regardes ?
께스끄   뛰   흐갸흐드
무엇을 보니?

Je regarde une vidéo.
쥬   흐갸흐드   윈   비데오
나는 영상을 봐.

✓ **une vidéo** [윈 비데오] 영상

✓ **ma photo de famille** [마 포또 드 파미유] 나의 가족사진

✓ **le match de basket** [르 마츠 드 바스께뜨] 농구 경기

✓ **le paysage** [르 뻬이자쥬] 풍경

3분 문제로 확인해 보기

1 나는 텔레비전을 봐.
▶ _____

2 나는 그녀의 프로필 사진을 봐.
▶ _____

3 나는 뉴스를 봐.
▶ _____

4 나는 축구 경기를 봐.
▶ _____

오늘의 10분 끝!

나는 음악을 들어.

J'écoute로 듣는 것 말하기

 초간단 개념 잡기

'듣다'를 표현하는 단어는 écouter 동사예요. 의식적으로 주의를 기울여 무언가를 들을 때 écouter 동사를 사용해요. '나는 ~을 들어'라고 말할 때는 'J'écoute ~'라고 하면 돼요.

J'écoute **de la musique**

계꾸뜨
나는 ~을 듣다

들 라 뮈지끄
음악

 입에서 바로 나오는 문장 말하기 🔊 23-1

J'écoute la radio.
계꾸뜨 라 햐디오

나는 라디오를 들어.

J'écoute mes parents.
계꾸뜨 메 빠헝

나는 부모님 말씀을 (잘) 들어.

J'écoute le message vocal.
계꾸뜨 르 메싸쥬 보꺌

나는 음성 메시지를 들어.

J'écoute les conseils des autres.
계꾸뜨 레 꽁쎄이 데 조트흐

나는 다른 사람들의 조언을 (잘) 들어.

✓ 단어 체크

la radio 라 햐디오 라디오 / mes parents 메 빠헝 나의 부모님 / le message vocal 르 메싸쥬 보꺌

음성 메시지 / les conseils 레 꽁세이 조언 / des autres 데 조트흐 다른 사람들

무엇을 듣고 있는지 더 말해 보세요.

Qu'est-ce que tu écoutes ?
께스끄　뛰　에꾸뜨
무엇을 듣니?

J'écoute de la K-pop.
줴꾸드　들 라　께이뻡
나는 K팝을 들어.

✓ **de la K-pop** [들 라 께이뻡] K팝

✓ **les informations** [레 쟁포흐마씨용] 뉴스

✓ **mon professeur** [몽 프로페쐬흐] 나의 선생님

3분 문제로 확인해 보기

1 나는 음악을 들어.　▶ _____

2 나는 라디오를 들어.　▶ _____

3 나는 부모님 말씀을 잘 들어.　▶ _____

4 나는 음성 메시지를 들어.　▶ _____

오늘의 10분 끝!

나는 이메일을 읽어.

*Je lis*로 읽는 것 말하기

2분 초간단 개념 잡기

'읽다'를 표현하는 단어는 lire 동사예요. '나는 ~을 읽어'라고 말할 때는 lire 동사를 활용하여 'Je lis ~'라고 하면 돼요.

Je	**lis**	**un e-mail**
쥬	리	언 이멜
나는	읽다	이메일

2분 입에서 바로 나오는 문장 말하기 🔊 24-1

Je lis un livre.
쥬 리 엉 리브흐

나는 책을 읽어.

Je lis la lettre de mon père.
쥬 리 라 레트흐 드 몽 뻬흐

나는 아버지의 편지를 읽어.

Je lis l'espagnol.
쥬 리 레스빠뇰

나는 스페인어를 읽어.
(= 스페인어를 읽을 수 있어.)

Je lis tous les soirs.
쥬 리 뚜 레 수와

나는 매일 저녁 (책을) 읽어.

✔ 단어 체크

un e-mail 언 이멜 이메일 / un livre 엉 리브흐 책 / la lettre 라 레트흐 편지 /

tous les soirs 뚜 레 수와 매일 저녁

'Je lis~'를 이용하여 여러 분야의 책을 읽는 표현을 말해 볼 수 있어요.

Qu'est-ce que tu lis ?
게스끄   뛰 리
무엇을 읽니?

Je lis un magazine.
쥬 리 엉   마가진
나는 잡지를 읽어.

- ✓ **un magazine** [엉 마가진] 잡지
- ✓ **un roman policier** [엉 호멍 뻘리씨예] 추리 소설
- ✓ **un essai** [언 에쎄] 수필
- ✓ **un poème** [엉 뻐엠] 시
- ✓ **une bande dessinée** [윈 벙드 데씨네] 만화책

(3분) **문제로 확인해 보기**

1 나는 이메일을 읽어. ▶ _____

2 나는 책을 읽어. ▶ _____

3 나는 아버지의 편지를 읽어. ▶ _____

4 나는 매일 저녁 (책을) 읽어. ▶ _____

오늘의 10분 끝!

25 ___ 나는 이메일을 써.

J'écris로 쓰는 것 말하기

초간단 개념 잡기

'쓰다'를 표현하는 단어는 écrire 동사예요. '나는 ~을 써'라고 말할 때는 écrire 동사를 활용하여 'J'écris ~'라고 하면 돼요.

J'écris	**un e-mail**
졔크히	언 이멜
나는 ~을 쓰다	이메일

입에서 바로 나오는 문장 말하기   🔊 25-1

J'écris mon journal intime.
졔크히   몽   주흐날   앙띰

나는 일기를 써.

J'écris une liste de courses.
졔크히   윈   리스뜨 드   꾸쓰

나는 장 볼 목록을 써.

J'écris à ma grande sœur.
졔크히   아 마   그헝드   쐬흐

나는 언니(누나)에게 (편지를) 써.

J'écris à la main.
졔크히   알 라   망

나는 손으로 써.

✔ 단어 체크

un journal intime 엉 주흐날 앙띰 일기 / une liste 윈 리스뜨 목록 / à la main 알 라 망 손으로

직장 생활과 관련된 쓰기에 대해 대화하는 연습을 해 볼까요?

Qu'est-ce que tu écris ?
께스끄   뛰 에크히
너는 뭘 쓰고 있니?

J'écris mon C.V.
졔크히 몽 쎄베
나는 이력서를 써.

- ✓ **mon C.V.** [몽 쎄베] 나의 이력서
- ✓ **ma lettre de motivation** [마 레트흐 드 모띠바씨용] 나의 자기소개서
- ✓ **mon adresse e-mail** [몬 아드헤쓰 이멜] 나의 이메일 주소
- ✓ **mon emploi du temps** [몬 엉쁠루와 뒤 떵] 나의 일과표

3분 문제로 확인해 보기

1 나는 이메일을 써. ▶ _____

2 나는 일기를 써. ▶ _____

3 나는 장 볼 목록을 써. ▶ _____

4 나는 언니에게 편지를 써. ▶ _____

오늘의 10분 끝!

26 나는 당신을 생각해요.

Je pense로 생각 표현하기

2분 초간단 개념 잡기

'생각하다'를 표현하는 단어는 penser 동사예요. '나는 ~을/~에 대해/~라고 생각해'라
고 말할 때는 penser 동사를 활용하여 'Je pense ~'라고 하면 돼요. 'Je pense' 뒤에
는 'à/동사/종속절(que, qui, où, … +문장)'이 와요.

Je	pense	à vous
쥬	뻥쓰	아 부
나는	생각하다	당신

2분 입에서 바로 나오는 문장 말하기

Je pense à mon avenir.
쥬 뻥쓰 아 몬 아브니흐

나는 내 미래에 대해 생각해.

Je pense aller au Canada.
쥬 뻥쓰 알레 오 꺄나다

나는 캐나다에 갈 생각이야.

Je pense que oui.
쥬 뻥쓰 끄 위

나는 그렇다고 생각해.

Je pense que c'est tout.
쥬 뻥쓰 끄 쎄 뚜

나는 그게 전부라고 생각해.

✓ 단어 체크

mon avenir 몬 아브니흐 내 미래 / oui 위 그렇다 / tout 뚜 전부

(3분) 회화로 응용하기

🎧 26-2

'Je pense que c'est~' 문장을 이용해서 자신의 의견을 말해 볼 수 있어요.

> ## Je pense que c'est important.
> 쥬   뻥스   끄   쎄   앙뽁떵
> 나는 그것이 중요하다고 생각해.

✓ **important** [앙뽁떵] 중요한

✓ **une bonne idée** [윈 보 니데] 좋은 생각

✓ **intéressant** [앙떼헤썽] 흥미로운

✓ **correct** [꼬헥뜨] 정확한

(3분) 문제로 확인해 보기

1 나는 당신을 생각해요.   ▶ _____

2 나는 캐나다에 갈 생각이야.   ▶ _____

3 나는 그렇다고 생각해.   ▶ _____

4 나는 그것이 중요하다고 생각해.   ▶ _____

오늘의 10분 끝!

오늘의 **10분** 시작!

27 나는 그것이 사실이라고 생각해.

Je crois로 생각 표현하기

2분 초간단 개념 잡기

'생각하다'를 표현하는 또 다른 단어는 croire 동사예요. croire 동사는 '~을 믿다'라는 뜻도 있어요. '나는 ~라고 생각해/믿어'라고 말할 때는 croire 동사를 활용하여 'Je crois ~'라고 하면 돼요. 'Je crois' 뒤에는 명사나 que 종속절(que + 문장)이 와요.

Je	**crois**	**que c'est vrai**
쥬	크화	끄 쎄 브헤
나는	생각하다/믿다	그것이 사실이다

2분 입에서 바로 나오는 문장 말하기 🔊 27-1

Je crois qu'elle est sympa.
쥬 크화 껠 에 쌍빠

나는 그녀가 친절하다고 생각해.

Je crois qu'il va pleuvoir.
쥬 크화 낄 바 쁠뢰부와

나는 비가 올 거라고 생각해.
(= 비가 올 것 같아.)

Je crois cette histoire.
쥬 크화 쎄뜨 이스뚜와흐

나는 그 이야기를 믿어. (= 나는
그 이야기가 사실이라고 생각해.)

Je crois en vous.
쥬 크화 엉 부

나는 당신을 믿어요.

✔ 단어 체크

vrai 브헤 사실의 / sympa 쌍빠 친절한 / pleuvoir 쁠뢰부와 비가 오다 / une histoire 윈 이스뚜와흐
이야기

3분 회화로 응용하기 🎧 27-2

'Je crois ~'를 이용해 자신이 믿는 것에 대해 이야기해 볼 수 있어요.

> **Je crois en moi.**
> 쥬 크화 엉 무와
> 나는 나 자신을 믿어.

- ✓ **en moi** [엉 무와] 나 자신을
- ✓ **en Dieu** [엉 디외] 신을
- ✓ **au destin** [오 데스땅] 운명을
- ✓ **aux miracles** [오 미하끌] 기적을

3분 문제로 확인해 보기

1 나는 그것이 사실이라고 생각해. ▶ _____

2 나는 비가 올 거라고 생각해. ▶ _____

3 나는 그 이야기를 믿어. ▶ _____

4 나는 당신을 믿어요. ▶ _____

오늘의 10분 끝!

1, 보기 의 단어를 활용하여 빈칸에 알맞은 말을 쓰세요.

> 보기   le café / la mer / le bus / l'hiver / le métro / l'été / le thé

1 Je préfère _____ _____ à la montagne.

나는 산보다 바다가 더 좋아.

2 Je préfère _____ _____ _____ _____ .

나는 전철보다 버스가 더 좋아.

3 Je préfère _____ _____ _____ .

나는 여름보다 겨울이 더 좋아.

4 Je préfère _____ _____ _____ _____ .

나는 커피보다 차가 더 좋아.

2, 빈칸에 알맞은 동사를 쓰세요.

1 Je [   ] un café au lait. 나는 카페라떼를 원해.

2 Je voudrais [   ] de l'eau. 나는 물을 마시고 싶어.

3 Je voudrais [   ] . 나는 여행하고 싶어.

4 Je [   ] vivre en ville. 나는 도시에서 사는 게 더 좋아.

보기 correct / intéressant / important / une bonne idée

① Je pense que c'est [ ]. 나는 그것이 중요하다고 생각해.

② Je pense que c'est [ ]. 나는 그것이 정확하다고 생각해.

③ Je pense que c'est [ ]. 나는 그것이 좋은 생각이라고 생각해.

④ Je pense que c'est [ ]. 나는 그것이 흥미롭다고 생각해.

4/ 빈칸에 알맞은 동사를 쓰세요.

① Je _____ en Dieu. 나는 신을 믿어.

② J'_____ mon journal intime. 나는 일기를 써.

③ Je _____ un roman policier. 나는 추리 소설을 읽어.

④ Je _____ aller au Canada. 나는 캐나다에 갈 생각이야.

정답

1/ ① la mer ② le bus au métro ③ l'hiver à l'été
④ le thé au café

2/ ① voudrais ② boire ③ voyager ④ préfère

3/ ① important ② correct ③ une bonne idée ④ intéressant

4/ ① crois ② écris ③ lis ④ pense

28 나는 프랑스어를 말할 줄 알아.

Je sais로 아는 것 말하기

2분 초간단 개념 잡기

'알다'를 표현하는 단어는 savoir 동사예요. 주로 무언가를 할 줄 알거나 어떤 정보를 통해 알게 되는 경우 savoir 동사를 써요. '나는 ~을 알아'라고 말할 때는 savoir 동사를 활용하여 'Je sais + 동사/종속절(que, qui, où, … + 문장)'이라고 하면 돼요.

Je	sais	parler français
쥬	쎄	빠흘레 프헝쎄
나는	알다	프랑스어로 말하다

2분 입에서 바로 나오는 문장 말하기 🎧 28-1

Je sais conduire.
쥬 쎄 꽁뒤흐

나는 운전을 할 줄 알아.

Je sais qu'il est étudiant.
쥬 쎄 낄 에 에뛰디영

나는 그가 대학생이라는 것을 알아.

Je sais qu'elle m'aime.
쥬 쎄 껠 멤

나는 그녀가 나를 사랑하는 것을 알아.

Je sais comment elle s'appelle.
쥬 쎄 꺼멍 엘 싸뻴

나는 그녀의 이름이 어떻게 불리는지(= 무엇인지) 알아.

✓ 단어 체크

conduire 꽁뒤흐 운전하다 / aime 엠 사랑하다 (aimer 동사의 3인칭 단수형/ aimer quelqu'un ~를 사랑하다) /
comment 꺼멍 어떻게 / s'appelle 싸뻴 (그/그녀의) 이름이 ~라고 불리다, (그/그녀의) 이름이 ~이다
(s'appeler 동사의 3인칭 단수형)

3분 회화로 응용하기 　🎧 28-2

'모른다'라고 말할 때에는 다음과 같이 여러 가지로 표현할 수 있어요.

Je n'en ai aucune idée.
쥬 너 네 오뀐 이데
전혀 모르겠어.

Je ne sais pas.
쥬 느 쎄 빠
모르겠어.

Je l'ignore.
쥬 리뇨흐
나는 모르겠어.

Je ne suis pas au courant.
쥬 느 쒸 빠 오 꾸헝
나는 잘 모르겠어.

3분 문제로 확인해 보기

1 나는 프랑스어를 말할 줄 알아. ▶ _____

2 나는 운전을 할 줄 알아. ▶ _____

3 나는 그녀가 나를 사랑하는 것을 알아. ▶ _____

4 나는 그가 대학생이라는 것을 알아. ▶ _____

오늘의 10분 끝!

나는 그의 성을 알아.

Je connais로 아는 것 말하기

2분 초간단 개념 잡기

'알다'를 표현하는 또 다른 단어는 connaître 동사예요. 주로 어떤 것의 존재에 대해 알고 있을 때, 인식이나 체험, 관계를 통해 아는 경우 connaître 동사를 써요. connaître 동사를 활용하여 '나는 ~을 알아'라고 말할 때는 'Je connais + 명사'라고 하면 돼요.

Je	connais	son nom de famille
쥬	꺼네	쏭 농 드 파미유
나는	알다	그의 성(姓)

2분 입에서 바로 나오는 문장 말하기   🎧 29-1

Je connais un policier.
쥬　꺼네　엉　뻘리씨예

나는 경찰 한 명을 알아.

Je connais ma mère.
쥬　꺼네　마　메흐

나는 내 어머니를 알아.
(= 내 어머니가 어떤 분인지 잘 알아.)

Je connais cet endroit.
쥬　꺼네　쎄　떵드화

나는 그 장소를 알아.

Je connais son adresse.
쥬　꺼네　쏭　아드헤쓰

나는 그의 주소를 알아.

✔ 단어 체크

son nom (de famille) 쏭 농 (드 파미유) 그(그녀)의 성(姓) / un policier 엉 뻘리씨예 ♂ - une policière
윈 뻘리씨예흐 ♀ 경찰 / cet endroit 쎄 떵드화 그 장소 / son adresse 쏭 아드헤쓰 그의 주소

'Je connais'를 이용해 내가 아는 것에 대해 다양하게 말해 볼 수 있어요.

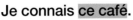

> **Je connais ce café.**
> 쥬   꺼네   쓰   꺄페
> 나는 그 카페를 알아.

★참고 ce(cet)/cette/ces는 '이', '그'를
뜻하는 지시 대명사예요.

✓ **ce café** [쓰 꺄페] 그 카페   ✓ **cette entreprise** [쎄 떵트흐프히즈] 그 회사

✓ **cette femme** [쎄뜨 팜] 그 여자   ✓ **cette ville** [쎄뜨 빌] 그 도시

✓ **cette chanson** [쎄뜨 샹쏭] 이 노래   ✓ **ce quartier** [쓰 꺄띠예] 그 동네

문제로 확인해 보기

1 나는 그의 성을 알아.   ▶ _____

2 나는 내 어머니를 알아.   ▶ _____

3 나는 그의 주소를 알아.   ▶ _____

4 나는 이 노래를 알아.   ▶ _____

오늘의 10분 끝!

오늘의 **10분** 시작!

30 나는 숙제를 해.

Je fais로 행동 표현하기

2분 초간단 개념 잡기

'하다, 만들다'를 표현하는 단어는 영어의 do 동사에 해당하는 **faire** 동사예요. '나는 ~을 해/만들어'라고 말할 때는 **faire** 동사를 활용하여 '**Je fais** ~'라고 하면 돼요.

Je	fais	mes devoirs
쥬	페	메 드부와
나는	하다	나의 숙제

2분 입에서 바로 나오는 문장 말하기　　🔊 30-1

Je fais du shopping.
쥬　페　뒤　　쇼핑그

나는 쇼핑을 해.

Je fais la cuisine.
쥬　페　라　뀌진

나는 요리를 해.

Je fais la vaisselle.
쥬　페　라　베쎌

나는 설거지를 해.

Je fais de mon mieux.
쥬　페　드　몽　　미유

나는 최선을 다해.

✓ 단어 체크

la cuisine 라 뀌진 요리 / faire la vaisselle 페흐 라 베쎌 설거지하다 /

faire de son mieux 페흐 드 쏭 미유 자신의 최선을 다하다

지금 하고 있는 것을 묻고 답하는 대화를 연습해 볼까요?

Qu'est-ce que tu fais ?
께스끄 뛰 페
너 뭐 해?

Je fais le ménage.
쥬 페 르 메나쥬
나는 청소를 해.

- ✓ **le ménage** [르 메나쥬] 청소
- ✓ **les courses** [레 꾸쓰] 장보기
- ✓ **du lèche-vitrine** [뒤 레슈 비트힌] 아이 쇼핑
- ✓ **des achats** [데 자샤] 쇼핑

3분 문제로 확인해 보기

1 나는 숙제를 해.　▶ _____

2 나는 설거지를 해.　▶ _____

3 나는 쇼핑을 해.　▶ _____

4 나는 요리를 해.　▶ _____

오늘의 10분 끝!

31

나는 일해야 해.

Je dois로 해야 할 일 말하기

2분 초간단 개념 잡기

'~을 해야 한다'를 표현하는 단어는 devoir 동사예요. '나는 ~을 해야 해'라고 말할 때는 devoir 동사를 활용하여 'Je dois + 동사원형'이라고 하면 돼요.

Je	dois	travailler
쥬	두와	트하바이예
나는	해야 한다	일하다

2분 입에서 바로 나오는 문장 말하기 🔊 31-1

Je dois me lever tôt.
쥬 두와 므 르베 또
나는 일찍 일어나야 해.

Je dois me laver les mains.
쥬 두와 므 라베 레 망
나는 손을 씻어야 해.

Je dois y aller.
쥬 두와 이 알레
나는 가 봐야 해.

Je dois acheter une tablette.
쥬 두와 아슈떼 윈 따블레뜨
나는 태블릿 PC를 하나 사야 해.

✓ 단어 체크

me lever 므 르베 (내가) 일어나다 (se lever의 1인칭 단수형) / tôt 또 일찍 /
me laver 므 라베 (내가) 씻다 (se laver의 1인칭 단수형) / les mains 레 망 (양)손 / acheter 아슈떼 사다 /
une tablette 윈 따블레뜨 태블릿 PC

3분 회화로 응용하기

🔊 31-2

해야 할 일을 묻고 답하는 대화를 연습해 볼까요?

> **Qu'est-ce que tu dois faire ?**
> 께스끄 뛰 두와 페흐
> 무엇을 해야 하니?

> **Je dois me coucher tôt.**
> 쥬 두와 므 꾸쉐 또
> 나는 일찍 자야 해.

- ✓ **me coucher tôt** [므 꾸쉐 또] (내가) 일찍 자다
- ✓ **nettoyer la maison** [네뚜와예 라 메종] 집을 청소하다
- ✓ **payer le loyer** [뻬이예 르 루와예] 집세를 내다
- ✓ **rentrer chez moi** [헝트헤 쉐 무와] (내) 집에 들어가다
- ✓ **perdre du poids** [뻬흐드흐 뒤 뿌와] 체중을 줄이다

3분 문제로 확인해 보기

1 나는 일해야 해. ▶ _____

2 나는 손을 씻어야 해. ▶ _____

3 나는 가 봐야 해. ▶ _____

4 나는 일찍 자야 해. ▶ _____

오늘의 10분 끝!

32

나는 은행에서 일해.

Je travaille로 하는 일 말하기

2분 초간단 개념 잡기

'일하다'를 표현하는 단어는 travailler 동사예요. '나는 ~에서/~로 일해'라고 말할 때는
travailler 동사를 활용하여 'Je travaille ~'라고 하면 돼요.

Je	travaille	dans une banque
쥬	트하바이	덩 진 벙끄
나는	일하다	은행에서

2분 입에서 바로 나오는 문장 말하기 32-1

Je travaille à la mairie.
쥬   트하바이   알 라   메히

나는 시청에서 일해.

Je travaille au Québec.
쥬   트하바이   오   께벡

나는 퀘벡에서 일해.

Je travaille comme secrétaire.
쥬   트하바이   껌   쓰크헤떼흐

나는 비서로 일해.

Je travaille en free-lance.
쥬   트하바이   엉   프히렁쓰

나는 프리랜서로 일해.

✔ 단어 체크

une banque 윈 벙끄 은행 / à la mairie 알 라 메히 시청에서 / au Québec 오 께벡 퀘벡에서 /

comme 껌 ~로서 / (un/une) secrétaire (엉/윈) 쓰크헤떼흐 비서 / en free-lance 엉 프히렁쓰 프리랜서로

무슨 일을 하는지 묻고 답하는 대화를 연습해 볼까요?

Qu'est-ce que tu fais
께스끄   뛰 페
comme travail ?
껌   트하바이
너 무슨 일해?

Je travaille dans un hôpital.
쥬   트하바이   덩   전   오삐딸
나는 병원에서 일해.

✓ un hôpital [언 오삐딸] 병원

✓ une ONG [윈 오엔줴] NGO

✓ la fonction publique [라 퐁씨용 쀠블리끄] 공직

✓ une entreprise [윈 엉트흐프히즈] 회사

3분 문제로 확인해 보기

1 나는 은행에서 일해. ▶ _____

2 나는 시청에서 일해. ▶ _____

3 나는 퀘벡에서 일해. ▶ _____

4 나는 프리랜서로 일해. ▶ _____

오늘의 10분 끝!

33
나는 그것을 할 수 있어.
Je peux로 할 수 있는 것 말하기

2분 초간단 개념 잡기

'할 수 있다'를 표현하는 단어는 pouvoir 동사예요. '나는 ~을 할 수 있어'라고 말할 때는 pouvoir 동사를 활용하여 'Je peux ~'라고 하면 돼요.

Je	**peux**	**faire ça**
쥬	뾔	페흐 싸
나는	할 수 있다	그것을 하다

2분 입에서 바로 나오는 문장 말하기   🎧 33-1

Je peux attendre.
쥬　뾔　아떵드흐
나는 기다릴 수 있어.

Je peux parler anglais.
쥬　뾔　빠흘레　엉글레
나는 영어를 말할 수 있어.

Je peux expliquer ça.
쥬　뾔　엑스쁠리께　싸
나는 그것을 설명할 수 있어.

Je peux vous aider.
쥬　뾔　부　제데
나는 당신을 도울 수 있어요.

✔ 단어 체크

ça 싸 그것 / attendre 아떵드흐 기다리다 / expliquer 엑스쁠리께 설명하다 / aider 에데 돕다

3분 회화로 응용하기   🔊 33-2

'나는 ~을 할 수 없어'라고 말할 때는 'Je peux'에서 peux 앞에 'ne', 뒤에 'pas'를 넣어 말하면 돼요.

> **Je ne peux pas attendre.**
> 쥬 느 뾔 빠 아떵드흐
> 나는 기다릴 수 없어.

> **Je ne peux pas expliquer ça.**
> 쥬 느 뾔 빠 엑스쁠리께 싸
> 나는 그것을 설명할 수 없어.

> **Je ne peux pas parler anglais.**
> 쥬 느 뾔 빠 빠흘러 엉글레
> 나는 영어를 말할 수 없어.

> **Je ne peux pas faire ça.**
> 쥬 느 뾔 빠 페흐 싸
> 나는 그것을 할 수 없어.

3분 문제로 확인해 보기

1 나는 당신을 도울 수 있어요. ▶ _____

2 나는 기다릴 수 있어. ▶ _____

3 나는 영어를 말할 수 있어. ▶ _____

4 나는 그것을 할 수 있어. ▶ _____

오늘의 10분 끝!

1 / 문장의 뜻에 맞게 빈칸을 채우세요.

1　Je _____ en free-lance.
나는 프리랜서로 일해.

2　Je _____ travailler.
나는 일해야 해.

3　Je _____ cet endroit.
나는 그 장소를 알아.

4　Je _____ conduire.
나는 운전을 할 줄 알아.

5　Je _____ mes devoirs.
나는 숙제를 해.

2 / 다음의 단어를 조합해서 문장을 만들어 보세요.

1　faire / je / ça / peux　→ _____

2　femme / connais / cette / je　→ _____

3　je / français / parler / sais　→ _____

4　peux / anglais / je / parler　→ _____

3/ 보기 의 단어를 이용해 아래 문장을 완성하세요.

> 보기   y aller / adresse / cuisine / expliquer

1 Je peux _____ ça. 나는 그것을 <u>설명할</u> 수 있어.

2 Je dois _____. 나는 <u>가 봐야</u> 해.

3 Je fais la _____. 나는 <u>요리를</u> 해.

4 Je connais son _____. 나는 그의 <u>주소를</u> 알아.

4/ 다음 문장에 맞는 그림을 찾아 연결하세요.

1 Je fais la vaisselle.   •   a)

2 Je fais du shopping.   •   b)

3 Je dois me laver les mains.   •   c)

4 Je travaille dans une banque. •   d)

C'est ça la France ! 이게 바로 프랑스야!

프랑스에는 뭔가 특별한 것이 있다? 외국인에게는 조금 생소하지만 특별한 프랑스의 문화와 습관을 알아볼까요? 프랑스인들에 대한 몇 가지 오해도 풀어 보아요.

✿ 볼에 뽀뽀를 하며 인사하기

프랑스 사람들은 만나면 비쥬(Bise 또는 Bisou)로 인사를 해요. 상대방의 볼에 가볍게 자기 볼을 맞대는 인사인데요, 양쪽 볼을 번갈아 가며 맞대면서 입으로 '쪽' 소리를 냅니다. 친한 정도에 따라 실제로 입술을 볼에 대기도 하고요, 지역에 따라 볼을 맞대는 횟수(주로 2~4번)도 달라요.

✿ 모르는 사람에게 인사하기

프랑스에서는 엘리베이터를 탔을 때나 한적한 길을 걷다가 혹은 건물 복도에서 모르는 사람과 마주치면 "Bonjour ([봉쥬흐], 안녕하세요)"라고 인사를 합니다. 카페 야외 테라스에서 식사하고 있는 모르는 사람에게 "Bon appétit ([보나뻬띠], 맛있게 드세요)!"라고 말해 주기도 하고요.

✿ 간식 시간 (L'heure du goûter, 뢰흐 뒤 구떼)

프랑스 사람들은 하루 네 끼를 먹는다? 프랑스 사람들은 아침, 점심, 저녁 식사 외에도 주로 오후 4시경 초콜릿 빵이나 케이크 등의 달콤한 간식을 차나 커피와 함께 먹어요. 저녁 식사는 보통 8시경에 한답니다.

✿ 모든 식사 때 치즈 먹기

전 세계 최대 치즈 소비국답게 프랑스 사람들은 매 식사가 끝나고 디저트를 먹기 전 치즈를 먹어요. 하지만 한국 사람들이 전부 다 김치를 좋아하는 건 아니듯이, 프랑스 사람들이 모두 치즈를 좋아하는 건 아니랍니다. 살이 찌기 때문에 덜 먹기도 해요.

✿ 큰 볼에 커피 마시기

프랑스 사람들은 머그잔이나 찻잔 말고도 큰 볼에
커피를 마시기도 해요.

✿ 프랑스 사람들은 베레모를 쓰고 마린룩을 입는다?

프랑스 사람들은 이런 전통적인 차림새를 자랑스러워 하지만 즐겨 입지는 않
아요. 요즘에는 군인들이나 몽마르트르 언덕의 화가들이 주로 베레모를 쓴답
니다.

✿ 프랑스 사람들은 일을 별로 많이 안 한다?

프랑스의 법정 노동 시간은 주당 35시간이고, 휴가도 길고 파업도 잦아서 프랑
스 사람들은 일을 별로 하지도 않고 게으르다라고 생각하는 사람들이 있는데
요. 사실 프랑스는 유럽에서 생산성이 가장 높은 나라입니다!

✿ 프렌치인듯 프렌치 아닌 프렌치 같은 너?

프렌치 프라이, 프렌치 키스, 프렌치 토스트…… '프렌치'라는 이름이 붙지만
사실은 프랑스가 원조는 아니라는 거 알고 계셨나요? 프랑스가 가진 '미식의
나라' 그리고 '로맨틱한 나라'라는 이미지 때문에 이런 이름을 지었을 거라는
설도 있습니다.

PARTIE
04

궁금한 것
물어보고 답하기!

34 여기서 멀어?

Est-ce que로 질문하기

2분 초간단 개념 잡기

'Est-ce que'를 문장 앞에 사용하여 '(주어+동사)이니?/해?' 등의 의문문을 만들 수 있어요.

Est-ce que / **c'est loin d'ici** ?

에스 끄
(의문형)

쎄 루앙 디씨
여기서 멀다

2분 입에서 바로 나오는 문장 말하기

  🔊 34-1

Est-ce que tu es libre ?
에스   끄   뛰   에   리브흐

너 시간 있니?

Est-ce que tu as faim ?
에스   끄   뛰   아   팡

너 배고프니?

Est-ce que tu es occupé(e) ?
에스   끄   뛰   에   오뀌뻬

너 바쁘니?

Est-ce qu'il pleut ?
에스   낄   쁠뢰

비 오니?

✔ 단어 체크

libre 리브흐 한가한, 여유로운 / faim 팡 배고픈 / occupé(e) 오뀌뻬 바쁜 /

il pleut 일 쁠뢰 비가 오다 (동사 원형 pleuvoir)

3분 회화로 응용하기　🎧 34-2

구어체에서는 문장 끝의 억양을 올려 말하며 의문문을 만들 수 있어요.

Vous êtes coréen ?
부　제뜨　꼬헤앙(↗)
한국인이세요?

Oui.
위
네./응.

- ✓ **Tu es libre** [뛰 에 리브흐] 너는 시간이 있다
- ✓ **Tu as faim** [뛰 아 팡] 너는 배고프다
- ✓ **C'est loin d'ici** [쎄 루앙 디씨] 여기서 멀다
- ✓ **Il pleut** [일 쁠뢰] 비가 오다

3분 문제로 확인해 보기

1 여기서 멀어?　▶ _____

2 너 시간 있니?　▶ _____

3 너 배고프니?　▶ _____

4 비 오니?　▶ _____

오늘의 10분 끝!

35

이건 무엇이니?

Qu'est-ce que로 질문하기

🕑 초간단 개념 잡기

Qu'est-ce que는 '무엇'을 뜻하는 의문대명사예요. '~은 무엇이니?'라고 할 때에는
'Qu'est-ce que + 주어 + 동사?'라고 하면 돼요.

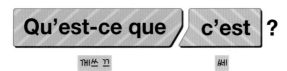

Qu'est-ce que	c'est	?
께쓰 끄	쎄	
무엇이다	이것은	

🕑 입에서 바로 나오는 문장 말하기   🎧 35-1

Qu'est-ce que vous voulez ?
께쓰　　끄　부　불레
당신은 무엇을 원해요?

Qu'est-ce que ça veut dire ?
께쓰　　끄　　쌰　뵈　디흐
그게 무슨 뜻이야?

Qu'est-ce que tu fais ?
께쓰　　끄　뛰　페
너 뭐 하니?

Qu'est-ce qu'il y a ?
께쓰　　　낄　리 야
무슨 일이야? /
무슨 일이 생겼어?

✓ 단어 체크

voulez 불레 원하다 (vouloir 동사의 2인칭 복수형) / **veut dire** 뵈 디흐 의미하다 (vouloir 동사의 3인칭 단수형)

3분 회화로 응용하기 🎧 35-2

Qu'est-ce que 대신 Que를 사용하여 질문할 수 있어요. 이때는 '동사+주어'의 순서로 써요.

> **Que voulez-vous ?**
> 끄   불레 부
> 당신은 무엇을 원해요?

✓ **Que cherchez-vous ?** [끄 쉐흑쉐 부] 당신은 무엇을 찾고 있어요?

✓ **Que pensez-vous ?** [끄 뻥쎄 부] 당신은 무엇을 생각하나요?

✓ **Que veut dire LOL ?** [끄 뵈 디흐 롤] LOL은 무슨 뜻이야?

3분 문제로 확인해 보기

1 이건 무엇이니?   ▶ _____

2 무슨 일이야?   ▶ _____

3 그게 무슨 뜻이야?   ▶ _____

4 너 뭐 하니?   ▶ _____

오늘의 10분 끝!

36

당신의 이름은 무엇인가요?

Quel로 질문하기

초간단 개념 잡기

'~은 어떤 것(무엇)입니까?'라는 뜻을 나타내는 의문문은 의문 형용사 'Quel'을 활용해요. 의문 형용사 뒤에 나오는 명사의 성·수에 따라 Quel(남성 단수), Quelle(여성 단수), Quels(남성 복수), Quelles(여성 복수)을 사용해요.

Quel	**est**	**votre prénom**	**?**
껠	에	보트흐 프헤농	
무엇	이다	당신의 이름	

입에서 바로 나오는 문장 말하기

🔊 36-1

Quel est le plat du jour ?
껠　에　르 쁠라 뒤 쥬흐

오늘의 요리는 무엇인가요?

Quelle heure est-il ?
껠　뢰흐　에띨

몇 시야?

Quelle est la date d'aujourd'hui ?
껠　에 라 다뜨　도쥬흐뒤

오늘은 며칠이야?

Quelle est votre nationalité ?
껠　에　보트흐　나씨요날리떼

당신의 국적은 어떻게 되나요?

✓ 단어 체크

votre prénom 보트흐 프헤농 당신의 이름 / le plat 르 쁠라 요리 / l'heure 뢰흐 시간 / la date 라 다뜨 날짜 /

la nationalité 라 나씨요날리떼 국적

3분 회화로 응용하기 🔊 36-2

시간을 묻고 답하는 대화를 연습해 볼까요?

Quelle heure est-il ?
겔 뢰흐 에 띨
몇 시야?

Il est six heures et quart.
일 레 씨 죄흐 에 꺄흐
6시 15분이야.

✓ **huit heures** [위 뙈흐] 8시

✓ **dix heures trente** [디 죄흐 트헝뜨] 10시 30분

✓ **midi** [미디] 정오

✓ **minuit** [미뉘] 자정

3분 문제로 확인해 보기

1 당신의 국적은 어떻게 되나요? ▶ _____

2 오늘은 며칠이야? ▶ _____

3 당신의 이름은 무엇인가요? ▶ _____

4 몇 시야? ▶ _____

오늘의 **10분** 끝!

37

너는 언제 떠나니?

Quand으로 시기 물어보기

초간단 개념 잡기

Quand은 '언제, 어느 때'라는 뜻으로 시기를 물어보는 의문부사예요. '언제 ~?'라고 말할 때에는 'Quand + 동사 + 주어'로 말하면 돼요.

Quand	pars-tu	?
껑	빠흐 뛰	
언제	너가 떠나다	

입에서 바로 나오는 문장 말하기 🔊 37-1

Quand finis-tu ?
껑　피니　뛰

너는 언제 끝나?

Quand le musée ouvre-t-il ?
껑　르　뮈제　우브흐　띨

박물관은 언제 열어?

Quand vas-tu à l'école ?
껑　바　뛰 아　레꼴

너는 언제 학교에 가?

Quand manges-tu ?
껑　멍쥬　뛰

너는 언제 식사해?

✔ 단어 체크

finis 피니 끝나다 (finir 동사의 2인칭 단수형) / ouvre 우브흐 열다 (ouvrir 동사의 3인칭 단수형) /

le musée 르 뮈제 박물관 / manges 멍쥬 먹다 (manger 동사의 2인칭 단수형)

3분 회화로 응용하기 🎧 37-2

Quand 뒤에 est-ce que를 붙이면 주어와 동사를 도치시키지 않고 평서문을 사용하여 질문할 수 있어요.

> **Quand est-ce que tu finis ?**
> 껑 떼쓰 끄 뛰 피니
> 너는 언제 끝나니?

- ✓ **le musée ouvre** [르 뮈제 우브흐] 박물관이 열다
- ✓ **tu vas à l'école** [뛰 바 아 레꼴] 너는 학교에 간다
- ✓ **tu manges** [뛰 멍쥬] 너는 식사를 한다

3분 문제로 확인해 보기

1 너는 언제 학교에 가? ▶ _____

2 박물관은 언제 열어? ▶ _____

3 너는 언제 끝나? ▶ _____

4 너는 언제 식사해? ▶ _____

오늘의 10분 끝!

37 너는 언제 떠나니? 137

화장실은 어디에 있어?

Où로 장소 물어보기

2분 초간단 개념 잡기

Où는 '어디에'라는 뜻으로 장소를 물어보는 의문부사예요. '어디에 ~있어요?'라고 말할 때에는 'Où + 동사 + 주어'라고 하면 돼요.

Où	sont	les toilettes	?
우	쏭	레 뚜왈레뜨	
어디	이다	화장실	

2분 입에서 바로 나오는 문장 말하기 🔊 38-1

Où est mon téléphone ?
우 에 몽 뗄레폰
내 전화기는 어디에 있어?

Où est la Tour Eiffel ?
우 에 라 뚜흐 에펠
에펠탑은 어디에 있어?

Où est le métro ?
우 에 르 메트호
지하철은 어디에 있어?

Où es-tu ?
우 에 뛰
너 어디니?

✓ 단어 체크

les toilettes 레 뚜왈레뜨 화장실 / la Tour Eiffel 라 뚜흐 에펠 에펠탑

회화로 응용하기 🎧 38-2

장소를 묻고 방향을 나타내는 표현으로 대답하는 대화를 해보세요.

Où sont les toilettes ?
우 쏭 레 뚜왈레뜨
화장실은 어디에 있어요?

Sur votre droite.
쒸흐 보트흐 드화뜨
당신의 오른쪽에 있어요.

Où est la poste ?
우 에 라 뻐스뜨
우체국이 어디에 있어요?

- ✓ **la poste** [라 뻐스뜨] 우체국
- ✓ **la banque** [라 벙끄] 은행
- ✓ **le grand magasin** [르 그헝 마가장] 백화점

- ✓ **Tournez à droite.** [뚜흐네 아 드화뜨] 오른쪽으로 돌아가세요.
- ✓ **Tournez à gauche.** [뚜흐네 아 고슈] 왼쪽으로 돌아가세요.
- ✓ **Allez tout droit.** [알레 뚜 드화] 직진하세요.
- ✓ **Sur votre gauche.** [쒸흐 보트흐 고슈] 당신의 왼쪽에 있어요.
- ✓ **Tout droit.** [뚜 드화] 쭉 가세요.

 문제로 확인해 보기

1 에펠탑은 어디에 있어? ▶ _____

2 화장실은 어디에 있어? ▶ _____

3 지하철은 어디에 있어? ▶ _____

4 너 어디니? ▶ _____

오늘의 10분 끝!

1/ 문장의 뜻에 맞게 빈칸을 채우세요.

1 _____ tu es occupé(e) ?

너 바쁘니?

2 _____ vous voulez ?

당신은 무엇을 원해요?

3 _____ est la date d'aujourd'hui ?

오늘은 며칠이야?

4 _____ pars-tu ?

너는 언제 떠나니?

5 _____ es-tu ?

너 어디니?

2/ 다음 대화 중 어색한 대화를 고르세요.

1 Q : Est-ce que c'est loin d'ici ?

A : Oui.

2 Q : Qu'est-ce que vous voulez ?

A : Je voudrais de l'eau.

3 Q : Quel est votre prénom ?

A : Tournez à droite.

4 Q : Quelle heure est-il ?

A : Il est midi.

3/ 문장의 뜻에 맞게 빈칸을 채우세요.

   1 - Quelle heure est-il? 몇 시입니까?

       - Il est _____. 자정입니다.

   2 - Quelle heure est-il? 몇 시입니까?

       - Il est _____. 정오입니다.

   3 - Quelle heure est-il? 몇 시입니까?

       - Il est _____ heures. 8시입니다.

4/ 다음 문장에 맞는 그림을 찾아 연결하세요.

   1 Où est la Tour Eiffel ?   •   a)

   2 Où sont les toilettes ?   •   b)

   3 Où est le métro ?   •   c)

   4 Où est mon téléphone ?   •   d)

정답			
1/	1 Est-ce que	2 Qu'est-ce que	3 Quelle
	4 Quand	5 Où	
2/	3		
3/	1 minuit	2 midi	3 huit
4/	1 d)	2 b)	3 a) 4 c)

오늘의 **10분** 시작!

39 잘 지내?

Comment으로 방법 물어보기

 초간단 개념 잡기

Comment은 '어떻게, 어떤 방법으로'라는 의미로 방식을 물어보는 부사예요. '어떻게
~이니?'라고 말할 때에는 'Comment + 동사 + 주어 / 주어 + 동사'라고 하면 돼요.

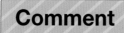 **?**

|껑멍|싸 바|
|어떻게|잘 지내다|

입에서 바로 나오는 문장 말하기 🎧 39-1

Comment va-t-elle ?
껑멍   바뗄

그녀는 어떻게 지내?

Comment ça se passe ?
껑멍   싸 스   빠스

어떻게 되고 있어?

Comment ça marche ?
껑멍   싸   마흑슈

이건 어떻게 작동해?

Comment vous appelez-vous ?
껑멍   부   자뻴레   부

당신의 이름은 어떻게 돼요?

✓ 단어 체크

marche 마흑슈 작동하다 (marcher 동사의 3인칭 단수형) /

vous appelez 부 자뻴레 (당신의) 이름이 ~라고 불리다, (당신의) 이름이 ~이다 (s'appeler 동사의 2인칭 복수형)

3분 회화로 응용하기 🎧 39-2

프랑스에서는 'Comment allez-vous ?', 'Comment ça va ?'라고 안부를 물어요.
안부를 묻고 답하는 표현을 대화로 연습해 보세요.

Comment allez-vous ?
꺼멍   딸레 부
어떻게 지내세요?

Je vais bien, merci, et vous ?
쥬   베   비양   멕씨   에   부
매우 잘 지내요. 감사해요. 당신은 어떠세요?

✓ **Ça va ?**
[싸 바]
잘 지내니?

✓ **Comment vas-tu ?** [꺼멍 바 뛰]
잘 지내니?

✓ **Ça va bien, merci, et toi ?**
[싸 바 비양 멕씨 에 뚜와]
잘 지내, 고마워. 너도 잘 지내지?

✓ **Pas mal.** [빠 말]
그럭저럭.

✓ **Ça ne va pas.** [싸 느 바 빠]
별로야.

3분 문제로 확인해 보기

1 어떻게 되고 있어? ▶ _____

2 당신의 이름은 어떻게 돼요? ▶ _____

3 이건 어떻게 작동해? ▶ _____

4 잘 지내? ▶ _____

오늘의 10분 끝!

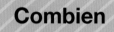

오늘의 10분 시작!

40

이것은 가격이 얼마예요?

Combien으로 수량 물어보기

 초간단 개념 잡기

Combien은 '얼마'라는 의미로 수량을 물어보는 의문부사예요. '(수량이) 얼마예요?'라고 물어볼 때에는 'Combien (de) ~'라고 말하면 돼요.

Combien	**ça coûte**	**?**
꽁비양	싸 꾸뜨	
얼마이다	이것은 가격이	

  입에서 바로 나오는 문장 말하기 🔊 40-1

Combien de langues parles-tu ?
꽁비양　　 드　　 렁그　　 빠홀르 뜌

너는 몇 개의 언어를 말하니?

Combien de temps ça prend ?
꽁비양　　드　　떵　 싸　 프헝

그건 시간이 얼마나 걸려?

Combien de fois tu fais du sport par semaine ?
꽁비양　　 드　 푸와　뜌　페　 뒤　 스뽀흐　 빠흐　　쓰멘

너는 일주일에 몇 번 운동해?

✓ 단어 체크

le temps ㄹ 떵 시간 / prend 프헝 (시간이) 걸리다 (prendre동사의 3인칭 단수형) / une fois 윈 푸와 번 /
le sport ㄹ 스뽀흐 운동 / par semaine 빠흐 쓰멘 일주일에

물건 값을 묻고 답하는 대화를 연습해 보세요.

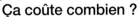

> Ça coûte combien ?
> 싸 꾸뜨 꽁비앙
> 이것은 가격이 얼마예요?

> Ça coûte **100 euros.**
> 싸 꾸뜨 썽 외호
> 이것은 100유로예요.

> Ça fait combien ?
> 싸 페 꽁비앙
> 이것은 가격이 얼마예요?

★참고 C'est trop cher. [쎄 트호 쉐흐] 너무 비싸군요.
Ce n'est pas cher. [쓰 네 빠 쉐흐] 싸군요.
C'est bon marché. [쎄 봉 마흑쉐] 싸군요.

✓ **20 euros** [방 외호]
✓ **300 euros** [트화썽 외호]

3분 문제로 확인해 보기

1 이것은 가격이 얼마예요? ▶ _____

2 너는 몇 개의 언어를 말하니? ▶ _____

3 그건 시간이 얼마나 걸려? ▶ _____

4 너는 일주일에 몇 번 운동해? ▶ _____

오늘의 10분 끝!

41 너는 프랑스어를 왜 배우니?

Pourquoi로 이유 물어보기

 2분 초간단 개념 잡기

pourquoi는 '왜, 어째서'라는 의미로 이유를 물어보는 의문부사예요. 다른 의문문처럼 pourquoi 뒤에 '동사 + 주어' 순으로 도치시켜서 질문하거나, '주어 + 동사'의 평서문 형태로 질문할 수도 있고 pourquoi 단독으로 사용할 수도 있어요.

Pourquoi	**tu apprends**	**le français** ?
뿌흐꾸와	뛰 아프헝	르 프헝쎄
왜	너는 배운다	프랑스어

2분 입에서 바로 나오는 문장 말하기 🔊41-1

Pourquoi pars-tu ?
뿌흐꾸와　빠흐　뛰

너는 왜 떠나니?

Pourquoi tu viens en Europe ?
뿌흐꾸와　뛰　비양　언　외홉

너는 유럽에 왜 왔니?

Pourquoi tu pleures ?
뿌흐꾸와　뛰　쁠뢰흐

너는 왜 우니?

Pourquoi tu es en retard ?
뿌흐꾸와　뛰　에　엉　흐따흐

너는 왜 늦었니?

✓ **단어 체크**

pars 빠흐 떠나다 (partir 동사의 2인칭 단수형) / pleures 쁠뢰흐 울다 (pleurer 동사의 2인칭 단수형) / viens 비양 오다 (venir 동사의 2인칭 단수형) / apprends 아프헝 배우다 (apprendre 동사의 2인칭 단수형) / être en retard 에트흐 엉 흐따흐 지각하다 문장 맨 앞이 아닌 중간에도 pourquoi를 넣어서 말할 수 있어요. 단, 이때는 의문문이 아닌 평서문이 돼요. 28과에서 배운 Je sais를 활용해 볼까요!

> **Je ne sais pas pourquoi tu pars.**
> 쥬 느 쎄 빠 뿌흐구와 뛰 빠흐
> 나는 왜 네가 떠나는지 모르겠어.

- ✓ **tu apprends le français** [뛰 아프헝르 프헝쎄] 너는 프랑스어를 배운다
- ✓ **tu es en retard** [뛰 에 엉 흐따흐] 너는 늦는다
- ✓ **tu pleures** [뛰 쁠뢰흐] 너는 운다

3분 문제로 확인해 보기

1 너는 왜 우니? ▶ _____

2 너는 유럽에 왜 왔니? ▶ _____

3 너는 프랑스어를 왜 배우니? ▶ _____

4 너는 왜 늦었니? ▶ _____

오늘의 10분 끝!

42 프랑스를 좋아하기 때문이야.

Parce que로 이유 설명하기

2분 초간단 개념 잡기

'왜냐하면 ~때문이야'라고 이유를 설명할 때에는 parce que를 써요. parce que 뒤에는 '주어 + 동사'가 와요.

Parce que	j'aime la France
빡스 끄	쥄 라 프헝쓰
때문이다	나는 프랑스를 좋아하다

2분 입에서 바로 나오는 문장 말하기

42-1

Parce que je suis en vacances. 휴가이기 때문이야.
빡스 끄 쥬 쒸 엉 바컹쓰

Parce que je veux voyager. 여행하고 싶기 때문이야.
빡스 끄 쥬 뵈 부와야줴

Parce que ce film est triste. 이 영화가 슬프기 때문이야.
빡스 끄 쓰 필므 에 트히스트

Parce que j'ai raté le bus. 버스를 놓쳤기 때문이야.
빡스 끄 줴 하떼 르 뷔스

✓ 단어 체크

veux 뵈 원하다 (vouloir 동사의 1인칭 단수형) / raté 하떼 놓치다 (rater 동사의 과거분사)

3분 회화로 응용하기 🎧 42-2

Parce que 외에도 여러 가지 표현을 이용해서 이유를 설명할 수 있어요.

Pourquoi tu ne viens pas ?
뿌흑꾸와 뛰 느 비양 빠
너 왜 안 오니?

Parce qu'il pleut.
빠스 낄 쁠뢰
비가 오기 때문이야.

Puisqu'il pleut.
쀠스 낄 쁠뢰
비가 오니까.

A cause de la pluie.
아 꼬즈 들 라 쁠뤼
비 때문이야.

En raison de la pluie.
엉 헤종 들 라 쁠뤼
비 때문이야.

★참고 à cause de에는 부정적인 뉘앙스가 있어요.

3분 문제로 확인해 보기

1 휴가이기 때문이야. ▶ _____

2 이 영화가 슬프기 때문이야. ▶ _____

3 버스를 놓쳤기 때문이야. ▶ _____

4 프랑스를 좋아하기 때문이야. ▶ _____

오늘의 **10분** 끝!

43

그건 책이야.

*C'est*로 설명하기

2분 초간단 개념 잡기

'(그것은) ~이야'는 'C'est ~'로 말해요. 영어의 'It is~'와 비슷한 표현이죠. C'est 뒤에는 명사, 형용사 등이 올 수 있어요.

C'est	un livre
쎄	떵 리브흐
그것은 ~이다	책

2분 입에서 바로 나오는 문장 말하기　🔊 43-1

C'est un cadeau pour ma mère. 쎄　떵　꺄도　뿌흐　마　메흐	(그것은) 나의 어머니를 위한 선물이야.
C'est vendredi. 쎄　벙드흐디	금요일이야.
C'est Guillaume. 쎄　기욤	기욤이야.
C'est ma cousine. 쎄　마　꾸진	(그녀는) 내 사촌이야.

✓ **단어 체크**

vendredi 벙드흐디 금요일 / cousin 꾸장 ♂ - cousine 꾸진 ♀ 사촌

3분 회화로 응용하기

🔊 43-2

C'est와 함께 형용사를 사용하면 어떤 것의 상태나 품질을 말할 수 있어요.

> **C'est comment ?**
> 쎄   꺼멍
> 어때?

> **C'est bon.**
> 쎄   봉
> 맛있어, 좋아.

- ✓ **C'est beau.** [쎄 보] 아름다워.
- ✓ **C'est intéressant.** [쎄 땅떼헤썽] 흥미로워.
- ✓ **C'est facile.** [쎄 퐈씰] 쉬워.
- ✓ **C'est difficile.** [쎄 디피씰] 어려워.

3분 문제로 확인해 보기

1 금요일이야.   ▶ _____

2 그것은 나의 어머니를 위한 선물이야.   ▶ _____

3 그건 책이야.   ▶ _____

4 맛있어.   ▶ _____

오늘의 **10분** 끝!

1/ 질문과 대답을 뜻에 맞게 짝지어 보세요.

① Pourquoi tu pleures ? •

② Pourquoi tu viens en Europe ? •

③ Pourquoi tu apprends le français ? •

④ Pourquoi tu es en retard ? •

a) Parce que ce film est triste.

b) Parce que j'aime la France.

c) Parce que j'ai raté le bus.

d) Parce que je veux voyager.

2/ 다음 대화를 해석하세요.

① A : Combien ça coûte ? →　＿＿＿＿＿＿＿＿＿＿＿

② B : Ça coûte 100 euros. →　＿＿＿＿＿＿＿＿＿＿＿

③ A : C'est trop cher. →　＿＿＿＿＿＿＿＿＿＿＿

3/ 다음 문장에 대한 대답으로 사용할 수 있는 문장을 모두 고르세요.

> Ça fait 50 euros.　50유로 입니다.

① C'est bon marché.

② C'est trop cher.

③ C'est facile.

④ C'est beau.

⑤ Ce n'est pas cher.

4/ 빈칸을 채워서 다음 대화를 완성하세요.

1. A : Comment ça va ?　　　　　　　잘 지내?

   B : Ça va bien, merci, et toi ?　잘 지내, 고마워. 너도 잘 지내지?

   A : _____　별로야.

2. A : _____　당신의 이름은 어떻게 돼요?

   B : Je m'appelle Jean.　　　　　제 이름은 쟝이에요.

3. A : _____ pars-tu ?　　　너는 왜 떠나니?

   B : _____ je suis en vacances.　왜냐하면 휴가이기 때문이야.

5/ 다음 한국어 문장의 뜻에 맞게 프랑스어로 작문해 보세요.

1. _____　그건 책이야.

2. _____　금요일이야.

3. _____　맛있어/좋아.

4. _____　어려워.

5. _____　그녀는 내 사촌이야.

정답

1/ ① a)　　② d)　　③ b)　　④ c)

2/ ① 이것은 가격이 얼마인가요?　② 이것은 100유로예요.
　　③ 너무 비싸군요.

3/ ①, ②, ⑤

4/ ① Ça ne va pas.　　② Comment vous appelez-vous ?
　　③ Pourquoi, Parce que

5/ ① C'est un livre.　　② C'est vendredi.
　　③ C'est bon.　　④ C'est difficile.
　　⑤ C'est ma cousine.

프랑스의 크리스마스, 노엘

✿ 프랑스에서는 크리스마스에 무엇을 먹을까요?

프랑스에서 크리스마스는 한국의 설날, 추석만큼 큰 명절이에요. 크리스마스 전날인 12월 24일 저녁에 온 가족이 모여 식사를 하는데 이를 헤베이용 드 노엘(réveillon de Noël)이라고 해요. 일종의 크리스마스 만찬이라고 볼 수 있죠. 집집마다  다르지만 먼저 아페리티프(식전주)를 마시고 앙트레(entrée)로 보통 생굴과 푸와그라를 먹어요. 지역에 따라 거위간이나 오리간을 재료로 해서 푸와그라를 만들고요. 생굴을 먹을 때는 단맛이 없는 화이트 와인을, 푸와그라를 먹을 때는 달콤한 화이트 와인을 곁들인답니다. 앙트레 다음으로 먹는 메인 요리는 밤으로 속을 채워 오븐에 구운 샤퐁(거세한 수탉)이나 칠면조입니다. 이때는 주로 레드 와인을 마셔요. 식사 후에는 치즈를 먹는데 보통 3~4종류의 치즈를 큰 접시에 내놓아요. 치즈를 먹고 난 후에는 장작 모양으로 생긴 크리스마스 케이크인 '뷔슈 드 노엘(bûche de Noël)'이나 아이스크림 케이크를 먹어요. 이때는 주로 샴페인을 같이 마셔요. 그리고 마지막으로 디제스티프(식후주)와 커피를 마시면서 식사를 마무리해요.

✿ 크리스마스 선물

크리스마스 하면 선물을 빼놓을 수 없겠죠. 사람들은 한 달 전부터, 어떤 경우는 두 달 전부터 미리 선물을 준비하기 시작해요. 프랑스에서는 일요일에 거의 모든 가게가 문을 닫지만, 크리스마스가 가까워지면 일요일에도 가게 문을 연답니다. 프랑스 사람들에게 크리스마스 쇼핑이 얼마나 중요한지 짐작이 가시죠. 각자 준비한 선물은 크리스마스 트리 아래에 둬요. 아이들은 빨리 선물을 열어 보고 싶어 한답니다. 보통 아이들이 있는 집은 25일 크리스마스 아침에 선물을 열어봅니다. 하지만 아이들이 더 이상 산타클로스를 믿지 않는 나이가 되면 24일 저녁에 식사를 마친 후 다 함께 선물을 주고받는답니다.

✿ •

프랑스어로 크리스마스는 '노엘(Noël)', '메리 크리스마스', '즐거운 성탄절 보내세요'는 '쥬와유 노엘(Joyeux Noël)'이라고 해요.

PARTIE 05

프랑스어 관용
표현 익히기!

44 나는 배가 아파.

J'ai mal à로 아픈 곳 말하기

 초간단 개념 잡기

'나는 ~가 아파'는 'J'ai mal à + 신체 부위'로 표현해요. 신체 부위 명사의 성·수에 따라 à 는 au, à la, aux로 변해요.

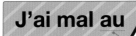

J'ai mal au 〉 **ventre**

쥐 말 오
나는 아프다

벙트흐
배가

à + le = **au**, à + les = **aux**

 입에서 바로 나오는 문장 말하기 🎧 44-1

J'ai mal à la tête.
쥐　말　알 라　떼뜨

나는 머리가 아파.

J'ai mal à la gorge.
쥐　말　알 라　고흐쥬

나는 목(구멍)이 아파.

J'ai mal aux pieds.
쥐　말　오　삐예

나는 발이 아파.

J'ai mal au dos.
쥐　말　오　도

나는 등이 아파.

✔ **단어 체크**

au ventre 오 벙트흐 배가 / à la tête 알 라 떼뜨 머리가 / à la gorge 알 라 고흐쥬 목이 /

aux pieds 오 삐예 발이 / au dos 오 도 등이

다음 예문을 보면서 아픈 증상을 나타내는 표현을 연습해 보세요.

Tu es malade ?
띠 에 말라드
아프니?

J'ai de la fièvre.
쥐 들 라 피예브흐
열이 나.

- ✓ **J'ai la diarrhée.** [쥐 라 디야헤] 설사를 해.
- ✓ **J'ai des frissons.** [쥐 데 프히쏭] 오한이 들어.
- ✓ **J'ai des vertiges.** [쥐 데 베흐티쥐] 현기증이 나.

3분 **문제로 확인해 보기**

1 나는 배가 아파. ▶ _____

2 나는 열이 나. ▶ _____

3 나는 목이 아파. ▶ _____

4 나는 등이 아파. ▶ _____

오늘의 10분 끝!

45

나는 휴가가 필요해.

*J'ai besoin de*로 필요한 것 말하기

2분 초간단 개념 잡기

'나는 ~가/~하는 것이 필요해'는 'J'ai besoin de ~'로 표현해요. 'J'ai besoin de' 뒤에는 명사나 동사가 올 수 있어요.

J'ai besoin de	vacances
쥐 브주앙 드	바깡쓰
나는 필요하다	휴가

2분 입에서 바로 나오는 문장 말하기

🔊 45-1

J'ai besoin de ton aide.
쥐 브주앙 드 똔 에드

나는 너의 도움이 필요해.

J'ai besoin d'une serviette.
쥐 브주앙 뒨 쎄흐비예뜨

나는 수건이 필요해.

J'ai besoin de me reposer.
쥐 브주앙 드 므 흐뽀제

나는 쉬는 것이 필요해.

J'ai besoin d'argent.
쥐 브주앙 다흐정

나는 돈이 필요해.

✔ 단어 체크

une serviette (de bain) 윈 쎄흐비예뜨 (드 방) 수건 / me reposer 므 흐뽀제 (내가) 쉬다 (se reposer 동사의 1인칭 단수형) / l'argent 라흐정 돈

3분 회화로 응용하기

45-2

지금 필요한 것을 말해 보세요.

Tu as besoin de quoi ?
뛰 아 브주앙 드 꾸와
뭐가 필요해?

J'ai besoin d'un café.
줴 브주앙 덩 꺄페
나는 커피가 필요해.

- faire les courses [페흐 레 꾸쓰] 장을 보다
- mon passeport [몽 빠쓰뻐흐] 나의 여권
- mes lunettes de soleil [메 뤼네뜨 드 썰레이] 나의 선글라스

3분 문제로 확인해 보기

1. 나는 휴가가 필요해. ▸ ______________________
2. 나는 돈이 필요해. ▸ ______________________
3. 나는 (나의) 선글라스가 필요해. ▸ ______________________
4. 나는 커피가 필요해. ▸ ______________________

오늘의 10분 끝!

나는 춤추고 싶어.

46

J'ai envie de로 원하는 것 말하기

2분 초간단 개념 잡기

'나는 ~을 하고 싶어/~을 원해'는 'J'ai envie de~'로 표현해요. 'J'ai envie de' 뒤에는 명사나 동사가 올 수 있어요.

J'ai envie de	danser
쥬 엉비 드	덩쎄
나는 원하다	춤추다

2분 입에서 바로 나오는 문장 말하기

 46-1

J'ai envie de dormir.
쥬　엉비　드　도흐미흐

나는 자고 싶어.

J'ai envie d'aller aux toilettes.
쥬　엉비　달레　오　뚜왈레뜨

나는 화장실에 가고 싶어.

J'ai envie d'aller à la mer.
쥬　엉비　달레　알　라　메흐

나는 바다에 가고 싶어.

J'ai envie d'une bière fraîche.
쥬　엉비　뒨　비예흐　프헤슈

나는 시원한 맥주를 원해.

✔ 단어 체크

dormir 도흐미흐 자다 / la mer 라 메흐 바다 / une bière 윈 비예흐 맥주 /

frais 프헤 ♂ - fraîche 프헤슈 ♀ 시원한

(3분) 회화로 응용하기　　🎧 46-2

'나는 ~을 하고 싶지 않아'라고 말할 때는 J'ai envie de에서 ai 앞에 'ne', 뒤에 'pas'를 넣어 주면 돼요.

> **Je n'ai pas envie de danser.**
> 쥬 네 빠 엉비 드 덩쎄
> 나는 춤추고 싶지 않아.

> **Je n'ai pas envie de dormir.**
> 쥬 네 빠 엉비 드 도흐미흐
> 나는 자고 싶지 않아.

> **Je n'ai pas envie d'aller à la mer.**
> 쥬 네 빠 엉비 달레 알 라 메흐
> 나는 바다에 가고 싶지 않아.

> **Je n'ai pas envie d'une bière fraîche.**
> 쥬 네 빠 엉비 딘 비예흐 프허슈
> 나는 시원한 맥주를 원하지 않아.

(3분) 문제로 확인해 보기

1 나는 자고 싶어.　　▶ _____

2 나는 바다에 가고 싶어.　　▶ _____

3 나는 춤추고 싶지 않아.　　▶ _____

4 나는 화장실에 가고 싶어.　　▶ _____

오늘의 **10분** 끝!

47 날씨가 좋아.

Il fait로 날씨 표현하기

2분 초간단 개념 잡기

날씨를 표현할 때는 비인칭 주어 Il과 faire 동사를 활용하여 'Il fait + 형용사'라고 하면 돼요.

Il fait	beau
일 페	보
날씨가 ~이다	좋은

2분 입에서 바로 나오는 문장 말하기 🎧 47-1

Il fait mauvais.
일 페 　모베
날씨가 안 좋아.

Il fait gris.
일 페 　그히
날씨가 흐려.

Il fait chaud.
일 페 　쇼
날씨가 더워.

Il fait froid.
일 페 　프화
날씨가 추워.

✓ 단어 체크

mauvais 모베 나쁜 / gris 그히 흐린

3분 회화로 응용하기 🎧 47-2

날씨를 이야기할 때 'Il y a ~ ', 'Il + 날씨 동사'라고도 말할 수 있어요.

Quel temps fait-il ?
겔   떵   페 띨
날씨가 어때?

Il y a du vent.
일리야 뒤 벙
바람이 있어.

- ✓ **Il y a du soleil.** [일리야 뒤 썰레이] 햇빛이 있어.
- ✓ **Il y a des nuages.** [일리야 데 뉘아쥬] 구름이 있어.
- ✓ **Il pleut.** [일 쁠뢰] 비가 와.
- ✓ **Il neige.** [일 네쥬] 눈이 와.

3분 문제로 확인해 보기

1 날씨가 좋아. ▶ _____

2 날씨가 안 좋아. ▶ _____

3 날씨가 더워. ▶ _____

4 눈이 와. ▶ _____

오늘의 10분 끝!

48

테이블 하나가 있어.

Il y a로 존재하는 것 말하기

 초간단 개념 잡기

'~가 있어'라고 말할 때는 비인칭 동사 'y avoir'를 활용하여 'Il y a ~'라고 하면 돼요.

Il y a	une table
일리야	윈 따블르
~가 있다	테이블 하나

입에서 바로 나오는 문장 말하기 🔊 48-1

Il y a deux voitures. 일리야　되　부와뛰흐	자동차가 두 대 있어.
Il y a beaucoup de monde. 일리야　보꾸　드　몽드	사람이 많이 있어.
Il y a une solution. 일리야　윈　썰뤼씨용	해결 방법이 하나 있어.
Il y a quelqu'un ? 일리야　껠껭	누구 있어?

✔ **단어 체크**

une solution 윈 썰뤼씨용 해결 방법 / quelqu'un 껠껭 누군가

'Il y a'는 시간의 경과를 나타낼 때도 쓸 수 있어요. '~(시간) 전에'라는 표현을 연습해 보세요.

> **Elle est partie quand ?**
> 엘 레 빠띠 껑
> 그녀는 언제 떠났어?

> **Elle est partie il y a un an.**
> 엘 레 빠띠 일리야 어 넝
> 그녀는 1년 전에 떠났어.

- ✓ **six mois** [씨 무와] 6개월
- ✓ **dix jours** [디 쥬흐] 10일
- ✓ **trois heures** [트화 죄흐] 3시간

3분 문제로 확인해 보기

1 테이블 하나가 있어. ▶ _____

2 자동차가 두 대 있어. ▶ _____

3 사람이 많이 있어. ▶ _____

4 누구 있어? ▶ _____

오늘의 10분 끝!

49

주의해야 해.

Il faut로 필요성 표현하기

2분 초간단 개념 잡기

'~해야 해', '~가 필요해'라고 말할 때는 비인칭 주어 Il과 falloir 동사를 활용하여 'Il faut ~' 라고 말하면 돼요.

Il faut / **faire attention**

일 포

~가 필요하다

페흐 아떵씨옹

주의하다

2분 입에서 바로 나오는 문장 말하기 🔊 49-1

Il faut être à l'heure. 일 포 에트흐 아 뢰흐	제 시간에 와 있어야 해. (= 시간을 지켜야 해.)
Il faut choisir entre les deux. 일 포 슈와지흐 엉트흐 레 되	이 둘 중에 선택해야 해.
Il faut un passeport. 일 포 엉 빠쓰뻐흐	여권이 필요해.
Il faut de la patience. 일 포 들 라 빠씨엉쓰	인내심이 필요해.

✔ 단어 체크

faire attention 페흐 아떵씨옹 주의하다 / choisir 슈와지흐 선택하다 / entre 엉트흐 ~중에 /

la patience 라 빠씨엉쓰 인내심

회화로 응용하기 🔊 49-2

'Il faut'를 이용해 필요성에 대해 말할 수 있어요.

> **Il faut parler plus fort.**
> 일 포   빠흘레 쁠뤼 포흐
> 더 크게 말해야 해.

✓ **appeler une ambulance**
[아뻴레 윈 엉빌렁쓰] 앰뷸런스를 부르다

✓ **économiser de l'argent**
[에꼬노미제 드 라흐정] 돈을 절약하다

✓ **arrêter de fumer**
[아헤떼 드 퓌메] 담배를 끊다

✓ **une carte d'identité**
[윈 꺅뜨 디덩띠떼] 신분증

✓ **aider les autres**
[에데 레 조트흐] 다른 사람들을 돕다

✓ **un permis de conduire**
[엉 뻬흐미 드 꽁뒤흐] 운전면허증

문제로 확인해 보기

1 주의해야 해.　▶ _____

2 제 시간에 와 있어야 해.　▶ _____

3 인내심이 필요해.　▶ _____

4 담배를 끊어야 해.　▶ _____

오늘의 10분 끝!

50

계산서 부탁합니다.

S'il vous plaît로 정중하게 말하기

(2분) 초간단 개념 잡기

정중하게 말할 때는 영어의 'please'에 해당하는 's'il vous plaît'라는 표현을 문장 맨 앞이나 맨 뒤에 붙이면 돼요. 약어로 svp 또는 s.v.p.와 같이 쓸 수도 있어요.

L'addition	**s'il vous plaît**
라디씨옹	씰 부 쁠레
계산서	부탁합니다

(2분) 입에서 바로 나오는 문장 말하기 🔊 50-1

Entrez, s'il vous plaît. 엉트헤 씰 부 쁠레	들어오세요.
Une baguette, s'il vous plaît. 윈 바게뜨 씰 부 쁠레	바게트 하나 부탁합니다. (= 바게트 하나 주세요)
Oui, s'il vous plaît. 위 씰 부 쁠레	네, 그렇게 해 주세요.
Aidez-moi, s'il vous plaît. 에데 무와 씰 부 쁠레	저를 좀 도와주세요.

✔ 단어 체크

l'addition 라디씨옹 계산서 / une baguette 윈 바게뜨 바게트

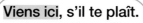
가족이나 친구 등 가까운 사이에서는 s'il te plaît라고 하면 돼요. 다음 예문을 보고 가까운 사이에서 예의바르게 말하는 연습을 해 보세요.

> **Viens ici, s'il te plaît.**
> 비양 이씨 씰 뜨 쁠레
> 여기로 좀 와 줘.

> **Oui, j'arrive.**
> 위 쟈히브
> 응, 지금 가.

- ✓ **Écoute-moi** [에꾸뜨 무와] 내 말 들어봐
- ✓ **je t'écoute** [쥬 떼꾸뜨] 듣고 있어
- ✓ **Laisse-moi** [레쓰 무와] 나를 내버려 둬
- ✓ **je te laisse** [쥬 뜨 레스] 내버려 둘게
- ✓ **Assieds-toi** [아씨예 뚜와] 앉아
- ✓ **je m'assieds** [쥬 마씨예] 앉을게

3분 문제로 확인해 보기

1 계산서 부탁합니다. ▶ _____

2 들어오세요. ▶ _____

3 저를 좀 도와주세요. ▶ _____

4 네, 그렇게 해 주세요. ▶ _____

오늘의 10분 끝!

44-50 Review

1/ 문장의 뜻에 맞게 빈칸을 채우세요.

① L'addition, _____.

계산서 부탁합니다.

② _____ au ventre.

나는 배가 아파.

③ _____ de vacances.

나는 휴가가 필요해.

④ Viens ici, _____.

여기로 좀 와줘.

2/ 다음 문장을 해석하세요.

① J'ai envie d'aller à la mer. → (   )

② Je n'ai pas envie de danser. → (   )

③ Il faut faire attention. → (   )

④ Il faut de la patience. → (   )

3/ 다음 한국어 문장의 뜻에 맞게 프랑스어로 작문해 보세요.

① _____ 날씨가 좋아.

② _____ 날씨가 더워.

③ _____ 날씨가 추워.

④ _____ 햇빛이 있어.

4/ 빈칸에 알맞은 말을 보기 에서 찾아 쓰세요.

> 보기   J'ai envie de / J'ai mal à / Il fait / Il faut

① [   ] la tête.   나는 머리가 아파.

② [   ] dormir.   나는 자고 싶어.

③ [   ] un passeport.   여권이 필요해.

5/ 다음 문장의 뜻에 맞는 그림을 찾아 연결하세요.

① Il y a une table.   •

a)

② Il y a deux voitures.   •

b)

③ Il y a beaucoup de monde.   •

c)

④ Il y a des nuages.   •

d)

프랑스의 숨은 명소 Best 4

프랑스에 가면 어느 곳을 여행하고 싶으신가요?
모두 한번씩 다 가본다는 파리? 니스?
한국인들에게는 잘 알려지지 않았지만
너무나 아름다운 프랑스의
숨은 명소를 소개합니다.

Paris

Île de Ré

FRANCE

Arcachon

Albi

Agde

Nice

✿ 일드레 Île de Ré

일드레는 바다와 염전, 울창한 숲 등 뛰어난 자연 환경을 자랑하는 곳이에요. 대서양의 맑은 공기를 마시며 섬 전체를 자전거로 둘러볼 수 있고, 하이킹도 할 수 있어요. 그림 같이 아름다운 10곳의 작은 마을과 '릴로데니쥬(Lilleau des Niges) 자연보호구역', '생마르탱드레 종탑 (Clocher de St. Martin de Ré)'을 방문해 보세요. 약 57m에 달하는 프랑스에서 가장 높은 '발렌 등대(Le Phare des Baleines)'에서 바라보는 풍경은 숨이 멎을 만큼 아름답습니다.

☙ 아르카숑 Arcachon

아르카숑은 아르카숑 분지의 '필라 모래 언덕(La Dune du Pilat)', '새들의 섬(Île aux oiseaux)', '페레 곶(Cap Ferret)'으로 유명합니다. 분지에는 산책로와 자전거 도로가 잘 갖춰져 있어 아름다운 풍경을 감상하면서 여행하기에 제격이며, 다양한 수상 스포츠를 즐길 수 있고, 특히 필라 모래 언덕은 패러 글라이딩 천국입니다. 특산물인 굴 요리를 맛보는 것도 잊지 마세요!

☙ 알비 Albi

알비는 유네스코 세계 문화 유산에 등재된 유적지 '라 시테 에피스코팔(La Cité Episcopale, 주교 도시)'로 유명합니다. 시테 내에는 테라코타로 만든 성당 중 세계에서 가장 규모가 큰 '생세실 대성당(La cathédrale Sainte-Cécile)', 예전에는 주교들의 성으로 쓰였다가 현재는 화가 툴루즈 로트렉(Henri de Toulouse-Lautrec) 박물관으로 쓰이는 '베르비 궁(Le Palais de la Berbie)', 중세시대에 건설돼 현재까지도 사용 중인 다리 '퐁비외(Le Pont-vieux)' 등이 자리하고 있어요.

☙ 아그드 Agde

'지중해의 검은 진주' 아그드는 기원전 6세기에 세워진 유서 깊은 도시예요. 2,600년의 역사를 간직한 구 시가지 '라 시테 다그드(La Cité d'Agde)', 다채로운 풍경의 마을과 지중해 라이프 스타일, 아름다운 해수욕장, 그리고 요트 항구가 어우러진 '아그드 곶(Cap d'Agde)', 고요하고 따뜻한 전통 어부 마을 '르 그로 다그드(Le Grau d'Agde)', 200년 된 소나무 숲을 간직한 작은 해안 마을 '라 타마리시에르 (La Tamarissière)'를 꼭 찾아가 보세요.

초판 발행	2020년 3월 23일
초판 4쇄	2025년 1월 6일
저자	김자연, 이하임, 김영란
편집	권이준, 김아영
펴낸이	엄태상
디자인	진지화
조판	이서영
콘텐츠 제작	김선웅, 장형진
마케팅본부	이승욱, 왕성석, 노원준, 조성민, 이선민
경영기획	조성근, 최성훈, 김다미, 최수진, 오희연
물류	정종진, 윤덕현, 신승진, 구윤주
펴낸곳	랭기지플러스
주소	서울시 종로구 자하문로 300 시사빌딩
주문 및 교재 문의	1588-1582
팩스	0502-989-9592
홈페이지	http://www.sisabooks.com
이메일	book_etc@sisadream.com
등록일자	2000년 8월 17일
등록번호	제300-2014-90호

ISBN 978-89-5518-786-1 (13760)

해 봐!

하루 10분

왕초보 프랑스어

쓰기 노트

랭기지플러스

해 봐!

하루 10분

왕초보

프랑스어

쓰기 노트

1 **Bonjour !** 안녕하세요! / 안녕! (아침부터 오후까지 사용할 수 있는 일반적인 인사)

Bonjour !

_____

_____

_____

2 **Bonsoir !** 안녕하세요! / 안녕! (저녁 인사)

Bonsoir !

_____

_____

_____

3 **Bonne nuit !** 안녕히 주무세요! / 잘 자!

Bonne nuit !

_____

_____

_____

✅ 인사와 기본 표현

① **Salut !** 안녕!

Salut !

_____

_____

_____

② **Enchanté(e).** 만나서 반가워요.

Enchanté(e).

_____

_____

_____

③ **Au revoir !** 안녕히 가세요!

Au revoir !

_____

_____

_____

✅ 인사와 기본 표현

1 Merci (beaucoup). (대단히) 감사합니다.

Merci (beaucoup).

_____

_____

_____

2 Félicitations ! 축하해요!

Félicitations !

_____

_____

_____

3 Je suis désolé(e). 죄송합니다.

Je suis désolé(e).

_____

_____

_____

✅ 인사와 기본 표현

1 Bon courage ! 힘내세요!

Bon courage !

_____

_____

_____

2 Bonne journée ! 좋은 하루 보내세요!

Bonne journée !

_____

_____

_____

3 Bon week-end ! 즐거운 주말 보내세요!

Bon week-end !

_____

_____

_____

❶ Je suis Kim Gina. 나는 김지나야.

Je suis Kim Gina.

_____

_____

❷ Je suis étudiant / étudiante. 나는 대학생이야.

Je suis étudiant / étudiante.

_____

_____

❸ Je suis médecin. 나는 의사야.

Je suis médecin.

_____

_____

❹ Je suis professeur. 나는 교사야.

Je suis professeur.

_____

_____

02 나는 한국인이야.

1 **Je suis coréen / coréenne.** 나는 한국인이야.

Je suis coréen / coréenne.

_____

_____

2 **Je suis français / française.** 나는 프랑스인이야.

Je suis français / française.

_____

_____

3 **Je suis américain / américaine.** 나는 미국인이야.

Je suis américain / américaine.

_____

_____

4 **Je suis chinois / chinoise.** 나는 중국인이야.

Je suis chinois / chinoise.

_____

_____

03 나는 만족해.

1 **Je suis content / contente.** 나는 만족해.

Je suis content / contente.

2 **Je suis heureux / heureuse.** 나는 행복해.

Je suis heureux / heureuse.

3 **Je suis triste.** 나는 슬퍼.

Je suis triste.

4 **Je suis marié / mariée.** 나는 기혼이야.

Je suis marié / mariée.

04 나는 여동생 한 명이 있어.

1 **J'ai une petite sœur.** 나는 여동생 한 명이 있어.

J'ai une petite sœur.

_____

_____

2 **J'ai une voiture.** 나는 자동차가 한 대 있어.

J'ai une voiture.

_____

_____

3 **J'ai un rendez-vous.** 나는 약속이 있어.

J'ai un rendez-vous.

_____

_____

4 **J'ai 25 ans.** 나는 25살이야.

J'ai 25 ans.

_____

_____

05 나 배고파.

1 **J'ai faim.** 나 배고파.

J'ai faim.

_____

_____

2 **J'ai soif.** 나 목말라.

J'ai soif.

_____

_____

3 **J'ai froid.** 나 추워.

J'ai froid.

_____

_____

4 **J'ai mal.** 나 아파.

J'ai mal.

_____

_____

06 나는 한국어를 해.

① Je parle coréen. 나는 한국어를 해.

Je parle coréen.

_____

_____

② Je parle anglais. 나는 영어를 (말)해.

Je parle anglais.

_____

_____

③ Je parle chinois. 나는 중국어를 (말)해.

Je parle chinois.

_____

_____

④ Je parle français. 나는 프랑스어를 (말)해.

Je parle français.

_____

_____

1 **J'habite à Séoul.** 나는 서울에 살아.

J'habite à Séoul.

2 **J'habite à la campagne.** 나는 시골에 살아.

J'habite à la campagne.

3 **J'habite dans un studio.** 나는 원룸에 살아.

J'habite dans un studio.

4 **J'habite en ville.** 나는 도시에 살아.

J'habite en ville.

08 나는 고양이를 좋아해.

1 **J'aime les chats.** 나는 고양이를 좋아해.

J'aime les chats.

_____

_____

2 **J'aime lire.** 나는 책 읽기를 좋아해.

J'aime lire.

_____

_____

3 **J'aime voyager.** 나는 여행하기를 좋아해.

J'aime voyager.

_____

_____

4 **J'aime chanter.** 나는 노래 부르기를 좋아해.

J'aime chanter.

_____

_____

09 나는 프랑스어를 공부해.

1 J'étudie la langue française.

나는 프랑스어를 공부해.

J'étudie la langue française.

2 J'étudie la littérature coréenne.

나는 국문학을 전공해.

J'étudie la littérature coréenne.

3 J'étudie le droit. 나는 법학을 전공해.

J'étudie le droit.

4 J'étudie à l'université Paris 7.

나는 파리 7대학에서 공부해.

J'étudie à l'université Paris 7.

10 나는 자전거를 타.

1 **Je fais du vélo.** 나는 자전거를 타.

Je fais du vélo.

_____

2 **Je fais du sport.** 나는 운동을 해.

Je fais du sport.

_____

3 **Je fais du yoga.** 나는 요가를 해.

Je fais du yoga.

_____

4 **Je fais de la guitare.** 나는 기타를 쳐.

Je fais de la guitare.

_____

11 나는 사과 하나를 먹어.

1 **Je mange une pomme.** 나는 사과 하나를 먹어.

Je mange une pomme.

_____

_____

2 **Je mange de la viande.** 나는 고기를 먹어.

Je mange de la viande.

_____

_____

3 **Je mange au restaurant.**
나는 레스토랑에서 먹어. (= 식사해.)

Je mange au restaurant.

_____

_____

4 **Je mange un sandwich.** 나는 샌드위치 하나를 먹어.

Je mange un sandwich.

_____

_____

5 **Je mange beaucoup.** 나는 많이 먹어.

Je mange beaucoup.

_____

_____

12 나는 따뜻한 물을 마셔.

1 **Je bois de l'eau chaude.** 나는 따뜻한 물을 마셔.

Je bois de l'eau chaude.

_____

2 **Je bois du jus d'orange.** 나는 오렌지주스를 마셔.

Je bois du jus d'orange.

_____

3 **Je bois un verre de vin rouge.**
나는 레드와인 한 잔을 마셔.

Je bois un verre de vin rouge.

_____

4 **Je bois du chocolat chaud.** 나는 핫초콜릿을 마셔.

Je bois du chocolat chaud.

_____

5 **Je bois du lait le matin.** 나는 아침에 우유를 마셔.

Je bois du lait le matin.

_____

13 나는 기차를 타.

1 **Je prends le train.** 나는 기차를 타.

Je prends le train.

_____

_____

2 **Je prends le taxi.** 나는 택시를 타.

Je prends le taxi.

_____

_____

3 **Je prends le bus.** 나는 버스를 타.

Je prends le bus.

_____

_____

4 **Je prends le métro.** 나는 지하철을 타.

Je prends le métro.

_____

_____

5 **Je prends l'avion.** 나는 비행기를 타.

Je prends l'avion.

_____

_____

14 나는 기차역에 가.

1 **Je vais à la gare.** 나는 기차역에 가.

Je vais à la gare.

_____

_____

2 **Je vais à l'école.** 나는 학교에 가.

Je vais à l'école.

_____

_____

3 **Je vais au cinéma.** 나는 영화관에 가.

Je vais au cinéma.

_____

_____

4 **Je vais au marché.** 나는 시장에 가.

Je vais au marché.

_____

_____

5 **Je vais chez Nicole.** 나는 니콜의 집에 가.

Je vais chez Nicole.

_____

_____

15 나는 스페인으로 떠나.

1 **Je pars en Espagne.** 나는 스페인으로 떠나.

Je pars en Espagne.

---

2 **Je pars en vacances en juillet.**
나는 7월에 휴가를 떠나.

Je pars en vacances en juillet.

---

3 **Je pars à 10 heures.** 나는 10시에 떠나.

Je pars à 10 heures.

---

4 **Je pars de Bordeaux.** 나는 보르도에서 떠나.

Je pars de Bordeaux.

---

5 **Je pars pour Séoul.** 나는 서울로 떠나.

Je pars pour Séoul.

---

16 나는 버스를 기다려.

1 **J'attends le bus.** 나는 버스를 기다려.

J'attends le bus.

_____

_____

2 **J'attends un ami.** 나는 친구를 기다려.

J'attends un ami.

_____

_____

3 **J'attends ta réponse.** 나는 너의 대답을 기다려.

J'attends ta réponse.

_____

_____

4 **J'attends son appel.** 나는 그녀의 전화를 기다려.

J'attends son appel.

_____

_____

5 **J'attends son retour.** 나는 그가 돌아오기를 기다려.

J'attends son retour.

_____

_____

17 나는 콜라 하나를 사.

1 **J'achète un coca.** 나는 콜라 하나를 사.

J'achète un coca.

2 **J'achète un croissant.** 나는 크루아상 하나를 사.

J'achète un croissant.

3 **J'achète un téléphone portable.**
나는 휴대전화를 사.

J'achète un téléphone portable.

4 **J'achète des souvenirs.** 나는 기념품을 사.

J'achète des souvenirs.

5 **J'achète une robe.** 나는 원피스 하나를 사.

J'achète une robe.

18 나는 출구를 찾아.

1 **Je cherche la sortie.** 나는 출구를 찾아.

Je cherche la sortie.

_____

2 **Je cherche un hôtel.** 나는 호텔을 찾아.

Je cherche un hôtel.

_____

3 **Je cherche un restaurant italien.**
나는 이탈리아 레스토랑을 찾아.

Je cherche un restaurant italien.

_____

4 **Je cherche ma clé.** 나는 (내) 열쇠를 찾아.

Je cherche ma clé.

_____

5 **Je cherche un travail.** 나는 일을 찾아.

Je cherche un travail.

_____

19 나는 기차역에 갈 거야.

1 Je vais aller à la gare. 나는 기차역에 갈 거야.

Je vais aller à la gare.

_____

2 Je vais rentrer tard ce soir.
나는 오늘 저녁 집에 늦게 들어갈 거야.

Je vais rentrer tard ce soir.

_____

3 Je vais parler avec elle. 나는 그녀와 이야기할 거야.

Je vais parler avec elle.

_____

4 Je vais me promener. 나는 산책할 거야.

Je vais me promener.

_____

5 Je vais partir demain. 나는 내일 떠날 거야.

Je vais partir demain.

_____

1 **Je voudrais un café au lait.** 나는 카페라테를 원해.

Je voudrais un café au lait.

---

2 **Je voudrais boire de l'eau.** 나는 물을 마시고 싶어.

Je voudrais boire de l'eau.

---

3 **Je voudrais aller à l'aéroport.**
나는 공항에 가고 싶어.

Je voudrais aller à l'aéroport.

---

4 **Je voudrais voyager.** 나는 여행하고 싶어.

Je voudrais voyager.

---

5 **Je voudrais des mouchoirs en papier.**
나는 휴지(티슈)를 원해.

Je voudrais des mouchoirs en papier.

---

21 나는 이게 더 좋아.

1 **Je préfère celui-ci.** 나는 이게 더 좋아.

Je préfère celui-ci.

_____

_____

2 **Je préfère le bleu.** 나는 파란색이 더 좋아.

Je préfère le bleu.

_____

_____

3 **Je préfère l'hiver à l'été.** 나는 여름보다 겨울이 더 좋아.

Je préfère l'hiver à l'été.

_____

_____

4 **Je préfère rester seul(e).** 나는 혼자 있는 게 더 좋아.

Je préfère rester seul(e).

_____

_____

5 **Je préfère vivre en ville.** 나는 도시에서 사는 게 더 좋아.

Je préfère vivre en ville.

_____

_____

22 나는 텔레비전을 봐.

1 **Je regarde la télévision.** 나는 텔레비전을 봐.

Je regarde la télévision.

2 **Je regarde une série américaine.**
나는 미국 드라마를 봐.

Je regarde une série américaine.

3 **Je regarde sa photo de profil.**
나는 그(그녀)의 프로필 사진을 봐.

Je regarde sa photo de profil.

4 **Je regarde le journal télévisé.** 나는 뉴스를 봐.

Je regarde le journal télévisé.

5 **Je regarde un match de football.**
나는 축구 경기를 봐.

Je regarde un match de football.

23 나는 음악을 들어.

1 J'écoute de la musique. 나는 음악을 들어.

J'écoute de la musique.

_____

_____

2 J'écoute la radio. 나는 라디오를 들어.

J'écoute la radio.

_____

_____

3 J'écoute mes parents. 나는 부모님 말씀을 (잘) 들어.

J'écoute mes parents.

_____

_____

4 J'écoute le message vocal.
나는 음성 메시지를 들어.

J'écoute le message vocal.

_____

_____

5 J'écoute les conseils des autres.
나는 다른 사람들의 조언을 (잘) 들어.

J'écoute les conseils des autres.

_____

_____

24 나는 이메일을 읽어.

1 **Je lis un e-mail.** 나는 이메일을 읽어.

Je lis un e-mail.

2 **Je lis un livre.** 나는 책을 읽어.

Je lis un livre.

3 **Je lis la lettre de mon père.**
나는 아버지의 편지를 읽어.

Je lis la lettre de mon père.

4 **Je lis l'espagnol.**
나는 스페인어를 읽어. (= 스페인어를 읽을 수 있어.)

Je lis l'espagnol.

5 **Je lis tous les soirs.** 나는 매일 저녁 (책을) 읽어.

Je lis tous les soirs.

25 나는 이메일을 써.

1 **J'écris un e-mail.** 나는 이메일을 써.

J'écris un e-mail.

---

2 **J'écris mon journal intime.** 나는 일기를 써.

J'écris mon journal intime.

---

3 **J'écris une liste de courses.** 나는 장 볼 목록을 써.

J'écris une liste de courses.

---

4 **J'écris à ma grande sœur.**
나는 언니(누나)에게 (편지를) 써.

J'écris à ma grande sœur.

---

5 **J'écris à la main.** 나는 손으로 써.

J'écris à la main.

---

26 나는 당신을 생각해요.

1 **Je pense à vous.** 나는 당신을 생각해요.

Je pense à vous.

---

2 **Je pense à mon avenir.** 나는 내 미래에 대해 생각해.

Je pense à mon avenir.

---

3 **Je pense aller au Canada.**
나는 캐나다에 갈 생각이야.

Je pense aller au Canada.

---

4 **Je pense que oui.** 나는 그렇다고 생각해.

Je pense que oui.

---

5 **Je pense que c'est tout.** 나는 그게 전부라고 생각해.

Je pense que c'est tout.

27 나는 그것이 사실이라고 생각해.

1 **Je crois que c'est vrai.** 나는 그것이 사실이라고 생각해.

Je crois que c'est vrai.

---

2 **Je crois qu'elle est sympa.**
나는 그녀가 친절하다고 생각해.

Je crois qu'elle est sympa.

---

3 **Je crois qu'il va pleuvoir.**
나는 비가 올 거라고 생각해. (= 비가 올 것 같아.)

Je crois qu'il va pleuvoir.

---

4 **Je crois cette histoire.**
나는 그 이야기를 믿어. (= 나는 그 이야기가 사실이라고 생각해.)

Je crois cette histoire.

---

5 **Je crois en vous.** 나는 당신을 믿어요.

Je crois en vous.

---

28 나는 프랑스어를 말할 줄 알아.

① Je sais parler français. 나는 프랑스어를 말할 줄 알아.

Je sais parler français.

② Je sais conduire. 나는 운전을 할 줄 알아.

Je sais conduire.

③ Je sais qu'il est étudiant.
나는 그가 대학생이라는 것을 알아.

Je sais qu'il est étudiant.

④ Je sais qu'elle m'aime.
나는 그녀가 나를 사랑하는 것을 알아.

Je sais qu'elle m'aime.

⑤ Je sais comment elle s'appelle.
나는 그녀의 이름이 어떻게 불리는지(= 무엇인지) 알아.

Je sais comment elle s'appelle.

29 나는 그의 성을 알아.

1 **Je connais son nom de famille.**
나는 그의 성을 알아.

Je connais son nom de famille.

_____

_____

2 **Je connais un policier.** 나는 경찰 한 명을 알아.

Je connais un policier.

_____

_____

3 **Je connais ma mère.**
나는 내 어머니를 알아. (= 내 어머니가 어떤 분인지 잘 알아.)

Je connais ma mère.

_____

_____

4 **Je connais cet endroit.** 나는 그 장소를 알아.

Je connais cet endroit.

_____

_____

5 **Je connais son adresse.** 나는 그의 주소를 알아.

Je connais son adresse.

_____

_____

30 나는 숙제를 해.

1 **Je fais mes devoirs.** 나는 숙제를 해.

Je fais mes devoirs.

---

2 **Je fais du shopping.** 나는 쇼핑을 해.

Je fais du shopping.

---

3 **Je fais la cuisine.** 나는 요리를 해.

Je fais la cuisine.

---

4 **Je fais la vaisselle.** 나는 설거지를 해.

Je fais la vaisselle.

---

5 **Je fais de mon mieux.** 나는 최선을 다해.

Je fais de mon mieux.

---

31 나는 일해야 해.

① **Je dois travailler.** 나는 일해야 해.

Je dois travailler.

② **Je dois me lever tôt.** 나는 일찍 일어나야 해.

Je dois me lever tôt.

③ **Je dois me laver les mains.** 나는 손을 씻어야 해.

Je dois me laver les mains.

④ **Je dois y aller.** 나는 가 봐야 해.

Je dois y aller.

⑤ **Je dois acheter une tablette.**
나는 태블릿 PC를 하나 사야 해.

Je dois acheter une tablette.

1 **Je travaille dans une banque.** 나는 은행에서 일해.

Je travaille dans une banque.

2 **Je travaille à la mairie.** 나는 시청에서 일해.

Je travaille à la mairie.

3 **Je travaille au Québec.** 나는 퀘벡에서 일해.

Je travaille au Québec.

4 **Je travaille comme secrétaire.** 나는 비서로 일해.

Je travaille comme secrétaire.

5 **Je travaille en free-lance.** 나는 프리랜서로 일해.

Je travaille en free-lance.

33 나는 그것을 할 수 있어.

❶ Je peux faire ça. 나는 그것을 할 수 있어.

Je peux faire ça.

❷ Je peux attendre. 나는 기다릴 수 있어.

Je peux attendre.

❸ Je peux parler anglais. 나는 영어를 말할 수 있어.

Je peux parler anglais.

❹ Je peux expliquer ça. 나는 그것을 설명할 수 있어.

Je peux expliquer ça.

❺ Je peux vous aider. 나는 당신을 도울 수 있어요.

Je peux vous aider.

34 여기서 멀어?

1 Est-ce que c'est loin d'ici ? 여기서 멀어?

Est-ce que c'est loin d'ici ?

2 Est-ce que tu es libre ? 너 시간 있니?

Est-ce que tu es libre ?

3 Est-ce que tu as faim ? 너 배고프니?

Est-ce que tu as faim ?

4 Est-ce que tu es occupé(e) ? 너 바쁘니?

Est-ce que tu es occupé(e) ?

5 Est-ce qu'il pleut ? 비 오니?

Est-ce qu'il pleut ?

35 이건 무엇이니?

1 **Qu'est-ce que c'est ?** 이건 무엇이니?

Qu'est-ce que c'est ?

---

2 **Qu'est-ce que vous voulez ?**
당신은 무엇을 원해요?

Qu'est-ce que vous voulez ?

---

3 **Qu'est-ce que ça veut dire ?** 그게 무슨 뜻이야?

Qu'est-ce que ça veut dire ?

---

4 **Qu'est-ce que tu fais ?** 너 뭐 하니?

Qu'est-ce que tu fais ?

---

5 **Qu'est-ce qu'il y a ?** 무슨 일이야? / 무슨 일이 생겼어?

Qu'est-ce qu'il y a ?

---

36 당신의 이름은 무엇인가요?

1 **Quel est votre prénom ?** 당신의 이름은 무엇인가요?

Quel est votre prénom ?

---

2 **Quel est le plat du jour ?** 오늘의 요리는 무엇인가요?

Quel est le plat du jour ?

---

3 **Quelle heure est-il ?** 몇 시야?

Quelle heure est-il ?

---

4 **Quelle est la date d'aujourd'hui ?**
오늘은 며칠이야?

Quelle est la date d'aujourd'hui ?

---

5 **Quelle est votre nationalité ?**
당신의 국적은 어떻게 되나요?

Quelle est votre nationalité ?

---

37 너는 언제 떠나니?

1 Quand pars-tu ? 너는 언제 떠나니?

Quand pars-tu ?

---

2 Quand finis-tu ? 너는 언제 끝나?

Quand finis-tu ?

---

3 Quand le musée ouvre-t-il ? 박물관은 언제 열어?

Quand le musée ouvre-t-il ?

---

4 Quand vas-tu à l'école ? 너는 언제 학교에 가?

Quand vas-tu à l'école ?

---

5 Quand manges-tu ? 너는 언제 식사해?

Quand manges-tu ?

---

38 화장실은 어디에 있어?

1 **Où sont les toilettes ?** 화장실은 어디에 있어?

Où sont les toilettes ?

---

2 **Où est mon téléphone ?** 내 전화기는 어디에 있어?

Où est mon téléphone ?

---

3 **Où est la Tour Eiffel ?** 에펠탑은 어디에 있어?

Où est la Tour Eiffel ?

---

4 **Où est le métro ?** 지하철은 어디에 있어?

Où est le métro ?

---

5 **Où es-tu ?** 너 어디니?

Où es-tu ?

39 잘 지내?

1 Comment ça va ? 잘 지내?

Comment ça va ?

---

2 Comment va-t-elle ? 그녀는 어떻게 지내?

Comment va-t-elle ?

---

3 Comment ça se passe ? 어떻게 되고 있어?

Comment ça se passe ?

---

4 Comment ça marche ? 이건 어떻게 작동해?

Comment ça marche ?

---

5 Comment vous appelez-vous ?
당신의 이름은 어떻게 돼요?

Comment vous appelez-vous ?

---

40 이것은 가격이 얼마예요?

1 Combien ça coûte ? 이것은 가격이 얼마예요?

Combien ça coûte ?

---

2 Combien de langues parles-tu ?

너는 몇 개의 언어를 말하니?

Combien de langues parles-tu ?

---

3 Combien de temps ça prend ?

그건 시간이 얼마나 걸려?

Combien de temps ça prend ?

---

4 Combien de fois tu fais du sport par semaine ?

너는 일주일에 몇 번 운동해?

Combien de fois tu fais du sport par semaine ?

---

41 너는 프랑스어를 왜 배우니?

❶ Pourquoi tu apprends le français ?
너는 프랑스어를 왜 배우니?

Pourquoi tu apprends le français ?

_____

_____

❷ Pourquoi pars-tu ? 너는 왜 떠나니?

Pourquoi pars-tu ?

_____

_____

❸ Pourquoi tu viens en Europe ?
너는 유럽에 왜 왔니?

Pourquoi tu viens en Europe ?

_____

_____

❹ Pourquoi tu pleures ? 너는 왜 우니?

Pourquoi tu pleures ?

_____

_____

❺ Pourquoi tu es en retard ? 너는 왜 늦었니?

Pourquoi tu es en retard ?

_____

_____

42 프랑스를 좋아하기 때문이야.

1 Parce que j'aime la France.

프랑스를 좋아하기 때문이야.

Parce que j'aime la France.

---

2 Parce que je suis en vacances.

휴가이기 때문이야.

Parce que je suis en vacances.

---

3 Parce que je veux voyager. 여행하고 싶기 때문이야.

Parce que je veux voyager.

---

4 Parce que ce film est triste.

이 영화가 슬프기 때문이야.

Parce que ce film est triste.

---

5 Parce que j'ai raté le bus. 버스를 놓쳤기 때문이야.

Parce que j'ai raté le bus.

---

43 그건 책이야.

1 **C'est un livre.** 그건 책이야.

C'est un livre.

_____

2 **C'est un cadeau pour ma mère.**
(그것은) 나의 어머니를 위한 선물이야.

C'est un cadeau pour ma mère.

_____

3 **C'est vendredi.** 금요일이야.

C'est vendredi.

_____

4 **C'est Guillaume.** 기욤이야.

C'est Guillaume.

_____

5 **C'est ma cousine.** (그녀는) 내 사촌이야.

C'est ma cousine.

_____

44 나는 배가 아파.

1 **J'ai mal au ventre.** 나는 배가 아파.

J'ai mal au ventre.

---

2 **J'ai mal à la tête.** 나는 머리가 아파.

J'ai mal à la tête.

---

3 **J'ai mal à la gorge.** 나는 목(구멍)이 아파.

J'ai mal à la gorge.

---

4 **J'ai mal aux pieds.** 나는 발이 아파.

J'ai mal aux pieds.

---

5 **J'ai mal au dos.** 나는 등이 아파.

J'ai mal au dos.

---

45 나는 휴가가 필요해.

1 **J'ai besoin de vacances.** 나는 휴가가 필요해.

J'ai besoin de vacances.

2 **J'ai besoin de ton aide.** 나는 너의 도움이 필요해.

J'ai besoin de ton aide.

3 **J'ai besoin d'une serviette.** 나는 수건이 필요해.

J'ai besoin d'une serviette.

4 **J'ai besoin de me reposer.** 나는 쉬는 것이 필요해.

J'ai besoin de me reposer.

5 **J'ai besoin d'argent.** 나는 돈이 필요해.

J'ai besoin d'argent.

46 나는 춤추고 싶어.

1 **J'ai envie de danser.** 나는 춤추고 싶어.

J'ai envie de danser.

2 **J'ai envie de dormir.** 나는 자고 싶어.

J'ai envie de dormir.

3 **J'ai envie d'aller aux toilettes.**
나는 화장실에 가고 싶어.

J'ai envie d'aller aux toilettes.

4 **J'ai envie d'aller à la mer.** 나는 바다에 가고 싶어.

J'ai envie d'aller à la mer.

5 **J'ai envie d'une bière fraîche.**
나는 시원한 맥주를 원해.

J'ai envie d'une bière fraîche.

47 날씨가 좋아.

1 Il fait beau. 날씨가 좋아.

Il fait beau.

2 Il fait mauvais. 날씨가 안 좋아.

Il fait mauvais.

3 Il fait gris. 날씨가 흐려.

Il fait gris.

4 Il fait chaud. 날씨가 더워.

Il fait chaud.

5 Il fait froid. 날씨가 추워.

Il fait froid.

48 테이블 하나가 있어.

1 **Il y a une table.** 테이블 하나가 있어.

Il y a une table.

_____

_____

2 **Il y a deux voitures.** 자동차가 두 대 있어.

Il y a deux voitures.

_____

_____

3 **Il y a beaucoup de monde.** 사람이 많이 있어.

Il y a beaucoup de monde.

_____

_____

4 **Il y a une solution.** 해결 방법이 하나 있어.

Il y a une solution.

_____

_____

5 **Il y a quelqu'un ?** 누구 있어?

Il y a quelqu'un ?

_____

_____

49 주의해야 해.

1 **Il faut faire attention.** 주의해야 해.

Il faut faire attention.

2 **Il faut être à l'heure.**
제 시간에 와 있어야 해. (= 시간을 지켜야 해.)

Il faut être à l'heure.

3 **Il faut choisir entre les deux.**
이 둘 중에 선택해야 해.

Il faut choisir entre les deux.

4 **Il faut un passeport.** 여권이 필요해.

Il faut un passeport.

5 **Il faut de la patience.** 인내심이 필요해.

Il faut de la patience.

50 계산서 부탁합니다.

1 **L'addition s'il vous plaît.** 계산서 부탁합니다.

L'addition s'il vous plaît.

2 **Entrez, s'il vous plaît.** 들어오세요.

Entrez, s'il vous plaît.

3 **Une baguette, s'il vous plaît.**
바게트 하나 부탁합니다. (= 바게트 하나 주세요)

Une baguette, s'il vous plaît.

4 **Oui, s'il vous plaît.** 네, 그렇게 해 주세요.

Oui, s'il vous plaît.

5 **Aidez-moi, s'il vous plaît.** 저를 좀 도와주세요.

Aidez-moi, s'il vous plaît.

해 봐!

하루 10분

왕초보 프랑스어

쓰기 노트